मैं शिक्षा हूँ

(तुम्हें जीना सिखा दूँ)

आचार्यश्री सुदर्शन
(एम.ए., पीएच.डी., विद्यावाचस्पति,
साहित्य विशारद, साहित्य रत्न)

डायमंड बुक्स
www.diamondbook.in

प्रकाशक : **डायमंड पॉकेट बुक्स (प्रा.) लि.**
X-30 ओखला इंडस्ट्रियल एरिया, फेज-II
नई दिल्ली-110020

फोन : 011-40712200
ई-मेल : sales@dpb.in
वेबसाइट : www.diamondbook.in
संस्करण : 2021
मुद्रक :

Main Shiksha Hoon (Tumhe jeena sikha dun)
By : *Acharyashree Sudarshan*

शिक्षा क्यों गुमनाम बन गई

शिक्षा क्यों गुमनाम बन गई।
जीवन से अनजान बन गई।।

जीवन की पहचान है शिक्षा,
माता का वरदान है शिक्षा।
भारत का स्वाभिमान है शिक्षा,
निर्जन वन की तान बन गई।।

धर्म-कर्म संस्कार है शिक्षा,
ज्ञानी का विज्ञान है शिक्षा।
अज्ञानी के अहंकार के,
नीचे दब परेशान बन गई।।

वीणा की रसधार है शिक्षा,
नारी का अवदान है शिक्षा।
जीवन की मधुमास वसंती,
जाने क्यों वीरान बन गई।।

जीवन की रसधार है शिक्षा,
होठों की मुस्कान है शिक्षा।
नीरस तरु में फूल खिलावे,
जाने क्यों बियावान बन गई।।

शीतल मन्द बयार है शिक्षा,
वासन्ती मधुमास है शिक्षा।
जीवन को सरसाने वाली,
आँसू से निढाल बन गई।।

ब्रह्मज्ञान की शान थी शिक्षा,
गीता का अभिज्ञान थी शिक्षा।
स्वामी, सखा, गुरुज्ञान न जाने,
सेवक दास गुलाम बन गई।।

नीति शास्त्र का द्वार कभी थी,
राज-मुकुट का ताज कभी थी।
नौकरी खोज रही है शिक्षा,
सम्राज्ञी कंगाल बन गई।।

शिक्षा पुत्रों की माँ शिक्षा,
मांग रही है दर-दर भिक्षा।
चलें 'सुदर्शन' आँसू पोछें,
शिक्षा अब गुमनाम बन गई।।

– ***आचार्यश्री सुदर्शन***

यह पुस्तक

"मैं शिक्षा हूँ" राजऋषि आचार्यश्री सुदर्शनजी महाराज की नवीनतम पुस्तक है। यह पुस्तक उनके शिक्षा सम्बंधी 50–55 वर्षों के व्यावहारिक अनुभवों का निचोड़ है। प्रख्यात शिक्षाशास्त्री और चिंतक होने के कारण उनकी 126 पुस्तकों में तकरीबन 30 से अधिक पुस्तकें केवल शिक्षा की बुनियादी समस्याओं पर केंद्रित हैं। आचार्यश्री जी ने इस पुस्तक का प्रणयन हमारे देश की नवीन राष्ट्रीय शिक्षा–नीति–2020 को ध्यान में रखकर किया है, फिर भी वे शिक्षा के वास्तविक स्वरूप, उसकी उपयोगिता और उसके उद्देश्य को लेकर ज्यादा संवेदनशील हैं।

आचार्यश्री ने अपनी इस अनमोल पुस्तक में शिक्षा के विभिन्न पहलुओं पर विचार करते हुए भी शिक्षा के मूल स्वरूप और उसके उद्देश्य को केन्द्र में रखकर अत्यंत तार्कितता और वैज्ञानिकता के साथ अपने गहन चिंतन और अपनी कारयित्री विलक्षण प्रतिभा को उद्भासित किया है।

शिक्षा के प्रचलित अर्थ प्रायः विद्या, ज्ञान, नसीहत, उपदेश, पाठ, सबक आदि लिए जाते रहे हैं, किंतु आचार्य श्री जी शिक्षा के इन अर्थों को अधूरा और अनुपयोगी मानते हैं। उनकी दृष्टि में शिक्षा केवल ज्ञान और सूचनाओं का संग्रह नहीं है। वास्तव में वे शिक्षा को दीक्षा कहने के पक्ष में हैं, क्योंकि दीक्षा मानव के बौद्धिक विकास के साथ ही उसमें चरित्र, आत्मबल, नैतिकता और जीवन के प्रति आस्था उत्पन्न करती है। सच्चरित्रता और नैतिकता के अभाव में प्राप्त की गई शिक्षा न स्वयं के किसी काम की होती है और न ही समाज या राष्ट्र के। कभी–कभी तो इस तथाकथित शिक्षा के कारण समाज और राष्ट्र को बहुत बड़ी हानि उठानी पड़ती है। आज जो लोग मानवता के सर्वनाश के लिए, अपनी आसमानी तरक्की के लिए, संसार के हर कोने पर अपना कब्जा जमाने के लिए हथियारों का जखीरा लगाते हैं, वे सभी औपचारिक रूप से शिक्षित लोग हैं, किंतु उनमें चरित्र और नैतिकता का घोर अभाव है। आज जितने लोग असामाजिक और गैर–कानूनी कार्यों में लिप्त हैं, उनमें भी शिक्षित वर्ग के लोगों का अनुपात अच्छा–खासा है।

आचार्यश्री सुदर्शनजी महाराज के अनुसार शिक्षा का एक उद्देश्य हमारा बौद्धिक विकास और हमारी आजीविका हो सकता है, किंतु यह उसका मुख्य या मूल उद्देश्य कदापि नहीं है। जिस शिक्षा–पद्धति में जीवन जीने की कला का, स्वतंत्रता, समता और भाईचारे का समावेश नहीं है, उस शिक्षा से प्राप्त की गई आत्मनिर्भरता का न व्यक्ति के लिए कोई औचित्य है और न ही समाज या राष्ट्र के लिए।

आज युवाओं का देश कहलाने वाले हमारे भारत की वास्तविक स्थिति क्या है? नौजवान विश्वविद्यालयों, प्रबंधन संस्थानों और विज्ञान तथा तकनीक की ऊँची–ऊँची डिग्रियाँ लेकर नौकरी की तलाश में जूते घिस रहे हैं। नौकरी तो नहीं मिली पर डिग्रियाँ बटोरने के चक्कर में उन्होंने अपने को सुखाकर काँटा बना लिया। अब कोई काँटा आसपास में चुभन और पीड़ा ही फैलाएगा, जब फूलों की मादक खुशबू और हसीन रूपाकृति उसके पास है ही नहीं तो वह भला दूसरों को कहाँ से देगा। जो वस्तु मेरे पास ही नहीं है, वह मैं किसी और को भला कैसे दे सकता हूँ।

दुर्भाग्य तो यह है कि ऐसे लोग एक ओर ऊँची डिग्रियाँ प्राप्त करने के अहंकार में पड़े हैं और दूसरी ओर अनियमित दिनचर्या के कारण उनके शरीर में इतनी शक्ति नहीं हैं कि जिला कलक्टर बन जाने पर वे जिले की समुचित देखभाल और तरक्की करा सकें। अब ऊँची डिग्रियाँ लेकर अगर थोड़ी शक्ति बची भी है तो वे शारीरिक परिश्रम नहीं करना चाहते। अपने खेत में काम करना, पशुओं को चारा–पानी देना और आसपास के सामान्य लोगों के बीच बैठकर हँसी–मजाक करना उन्हें अच्छा नहीं लगता, क्योंकि उनकी दृष्टि में कोई उनकी बराबरी का नहीं है।

कहा गया है कि 'विद्या ददाति विनयम्', किंतु यह कैसी विनम्रता है कि सूचनाओं के संग्रह मात्र कर लेने से हम अपने आगे किसी को मानते ही नहीं।

आचार्यश्री ने इस पुस्तक में इस बात पर काफी बल दिया है कि शिक्षार्थी चाहे विज्ञान का हो, वाणिज्य का हो या फिर तकनीकी क्षेत्रों का हो, उसे साहित्य, समाजशास्त्र और विभिन्न कलाओं, खेल, योग और पाकशास्त्र का प्रशिक्षण अवश्य दिया जाना चाहिए, क्योंकि इसके अभाव में न तो वह संस्कारित होगा और न ही स्वस्थ रह पाएगा। जो शिक्षा, परंपरा, विरासत, संस्कृति और नैतिकता का सम्बल प्रदान नहीं करती, वह वास्तव में विद्या न होकर अविद्या है, प्रकाश न होकर गहन अँधकार है।

किसी बिरवे की देखरेख जितनी भली–भाँति होती है, वह उतना ही फलदार और छायादार वृक्ष में परिवर्तित अर्थात् विकसित होता है। कहते

हैं कि इच्छाओं को बदला जा सकता है पर आदतों को नहीं। अतः यह जरूरी है कि स्कूली शिक्षा को खासकर पूर्व प्राथमिक और प्राथमिक शिक्षा को पूर्णतः क्रियात्मक बनाया जाए, क्योंकि क्रिया के बिना ज्ञान पौती में रखे हुए सिंघोरा–सा सिंदूर की लाली को पौती या पेटारी में ही छितराता रहता है, किसी सुहागिन के माँग को सजाकर उसे प्रभामंडित नहीं करता।

आचार्यश्री संपूर्ण शिक्षा में क्रियात्मकता के पक्षधर ही नहीं प्रबल उद्घोषक हैं और उनका विचार है कि बच्चों को स्कूल के कमरे में बंद करके कैदी की तरह नहीं पढ़ाया जाना चाहिए। वे विश्व गुरु रवीन्द्र की तरह मुक्ताकाश शिक्षा और प्रसन्नतादायी शिक्षा के हिमायती हैं। उनके अनुसार शिक्षक को सुंदर, सुव्यवस्थित, आत्मबली, प्रसन्न और संस्कारी होना चाहिए, क्योंकि विवशता में शिक्षक बने लोग खीझ से भरे रहते हैं और वे अपनी कुरूपता तथा दुर्गण बच्चों के सिर पर लाद देते हैं, जिनसे आजीवन बच्चों को छुटकारा नहीं मिलता। एक और बात अत्यंत महत्त्वपूर्ण है कि अच्छा शिक्षक पढ़ाता नहीं है बल्कि बच्चों में अलख जगा देता है ताकि उसकी चेतना का पूर्ण विस्फोट हो सके।

इस पुस्तक में आचार्यश्री सुदर्शनजी महाराज ने वर्तमान में चल रही शिक्षा–पद्धति की गहन पड़ताल की है और बच्चों के स्कूलों से विमुख होने के कारणों, वर्तमान शिक्षा की अवैज्ञानिकता, शिक्षकों के आचरण एवं व्यवहार तथा शिक्षा–क्षेत्र की स्वायत्ता जैसे गंभीर विषयों पर आत्मचिंतन करते हुए अत्यंत मनोवैज्ञानिक विश्लेषण प्रस्तुत किया है, जो शिक्षालयों की कार्य–पद्धति और सरकारों के दायित्वों की ओर एक सशक्त उठी हुई उँगली का प्रमाण प्रस्तुत करती है। निश्चय ही शिक्षानुरागियों के लिए यह पुस्तक एक सच्ची मार्गदर्शिका का काम करेगी क्योंकि शिक्षा संबंधी बुनियादी समस्याओं के निवारण के बिना हम किसी राष्ट्रीय चरित्र की कल्पना नहीं कर सकते। हाँ, बेरोजगारों की फौज जरूर खड़ी कर सकते हैं।

वर्तमान शिक्षा व्यवस्था से रचनाकार इतने असंतुष्ट हैं कि उन्होंने "शिक्षा क्यों गुमनाम बन गई" शीर्षक से एक गीत लिखा है, जो शिक्षा की वर्तमान दयनीय स्थिति का दर्पण है। उनका शिक्षा संबंधी गीत यह सिद्ध करने के लिए काफी है कि आचार्यश्री सुदर्शन "शिक्षा जीवन के लिए" के हिमायती हैं। उनकी दृष्टि में जो जीवन को सरस बना, जीवन में फूल खिला दे, वही वास्तव में शिक्षा है।

कहा गया है कि "सा विद्या या विमुक्तये।" आचार्य श्री जी शिक्षा या विद्या को मुक्ति का मार्ग तो मानते हैं, पर मोक्ष का नहीं। विद्या मोक्ष

प्राप्त करने का माध्यम या हठयोग न होकर जीवन जीने की सम्यक रीति है। यह इसी जीवन में हमें अज्ञान, अहंकार, ईर्ष्या, द्वेष आदि षडविकारों से मुक्त कर एक संपूर्ण मानव बनाती है, क्योंकि ''इह कर्माणि कुर्वन् एव शतं समाः जिजीविषेत्। एवं त्वयि नरे इतः न अन्यथा अस्ति येन कर्म न लिप्यते।।'' अर्थात् इस संसार में कर्म करते हुए मनुष्य को सौ वर्ष जीने की इच्छा करनी चाहिए। हे मानव! तेरे लिए इस प्रकार का ही विधान है, इससे भिन्न किसी और प्रकार का नहीं है, इस प्रकार कर्म करते हुए जीने की इच्छा करने से मनुष्य में कर्म का लोप नहीं होता।

जीवन में समरसता और आनंद ही शिक्षा का मूल उद्देश्य है। जब हम शिक्षित होकर सुख–दुख में समभाव हो जाते हैं, संसार को अपना और अपने को संसार समझने लगते हैं और 'मनुष्य मात्र बंधु' के विचार को धारण कर पशुता का त्याग करते हुए समस्त प्राणी और पदार्थ के प्रति संवेदनशील होते हैं, तभी हमारे अंदर वास्तविक शिक्षा घटित होती है और हमारी चेतना का विस्फोट होता है।

प्रसाद जी ने 'कामयनी' महाकाव्य में लिखा कि 'अपने सुख को विस्तृत कर लो और मनु सुख पाओ' यही स्व का विस्तार ही वास्तविक शिक्षा है। हमारी राष्ट्रीय शिक्षा–नीति–2020 इस दिशा में एक सम्यक् और संतुलित पहल है, जरूरत है इस काम में समर्पित लोगों और शिक्षानुरागियों को लगाया जाए ताकि वे शिक्षा को क्रियात्मक रूप से बच्चों में उतार सकें। यदि यह संभव हुआ तो हमारे देश के नौनिहाल गुरुकुल के जिज्ञासुओं की तरह एक पूर्ण शिक्षित व्यक्तित्व होंगे और तभी उनके जीवन में वास्तविक शिक्षा घटित होगी। क्योंकि केवल सूचनाओं के संग्रहण से कल्याण संभव नहीं है। यदि हम एक उत्तरदायी और आत्मनिर्भर राष्ट्रीय चरित्र का निर्माण करना चाहते हैं तो हमें शिक्षित नहीं बल्कि दीक्षित होना पड़ेगा और तभी व्यक्ति के स्वयं के जीवन के साथ राष्ट्रीय सामूहिक जीवन में भी आनंद का उद्घोष संभव हो सकेगा।

राजऋषि आचार्यश्री सुदर्शनजी महाराज के शैक्षणिक अनुसंधानों की उपज यह पुस्तक नई पीढ़ी के शिक्षक, शिक्षार्थियों के साथ ही समाज और राष्ट्र के उत्थान का मार्ग प्रशस्त करेगी, ऐसा मेरा अखंड विश्वास है। मैं लेखक की प्रतिभा, साधना और चिंतन को कोटि नमन करते हुए आप सुधि पाठकों को विनम्र प्रणाम निवेदित करता हूँ और आशा करता हूँ कि अपने बहुमूल्य सुझाव से हमें अवगत कराएँगे।

महावीर जयंती
25 अप्रैल, 2021

शैलेन्द्र कुमार
एम.ए. (हिंदी)
बिहार विश्वविद्यालय, मुज.

विषय वस्तु

1. मैं शिक्षा हूँ

मेरी उत्पत्ति मानव सभ्यता के साथ ही हुई है। प्रारंभ में जब मनुष्य का शरीर, विचार एवं प्रवृति अविकसित थी, उस समय लोग इशारे से अपनी बातें एवं दूसरों की बातें बताते थे। बाद में जब अपनी बात और स्पष्ट करनी पड़ी तो संकेत, लकीर या चित्र बनाकर अपनी बात कही जाने लगी।

किसी समय माता–पिता या अभिभावक अपने बच्चों को अपनी बात बताने के लिए लकीर खींचते थे। जब एक साथ कई बातें कहनी पड़ती थीं अथवा याद रखने के लिए किसी अन्य माध्यम की आवश्यकता पड़ी तब लोगों ने अपनी बातें पत्थर पर, दीवार पर कोई चिह्न बनाकर कहना शुरू किया। आज भी गाँव में लोग धन छिपाने के लिए मिट्टी में धन को गाड़कर उस पर कोई चिह्न बना देते हैं और दीवाल पर गोबर से लकीर बनाकर उससे याद कर रखते हैं। बोलने की शक्ति थी लेकिन क्या बोलना है, कैसे बोलना है, उसका ज्ञान नहीं था। जैसे आज भी लोग एक दूसरे को ऐं कहकर पुकारते हैं। फोन पर हेलो बोलते हैं।

दरअसल मनुष्य अपने भावों को व्यक्त करना चाहता है। उसके लिए किसी माध्यम की आवश्यकता पड़ती है। मनुष्य के पास सबसे बड़ा माध्यम है उसकी बोली, लेकिन उस बोली को व्यक्त करने के लिए भाषा की जरूरत पड़ती है। वही भाषा आगे चलकर शिक्षा बन गई, जिससे मेरा कलेवर बढ़ा। भावों की अभिव्यक्ति का सहज और सरल माध्यम भाषा के रूप में प्रचलित हुआ, जो विश्व में अनेक माध्यमों से व्यक्त होने लगा। इसलिए मेरा उपयोग विश्व के सभी देशों, वर्गों और कबीलों में होने लगा। जब कोई अच्छी बात किसी को कहनी पड़ती है तो वह अपनी भाषा में उसे व्यक्त करता है। कोई तमिल में, कोई तेलुगु में, मलयालम में, बंगाली, उड़िया आदि भाषाओं में व्यक्त करने लगा और उनका एक ही उद्देश्य होता था कि मेरे माध्यम से अपनी बात लोगों तक पहुँचाना। लेकिन मुझे दुःख तब हुआ, जब मेरा उपयोग फूहड़ ढंग से होने लगा। मेरा जन्म विश्व की पवित्रतम भाषा–माँ संस्कृत की कोख से हुआ है। मेरी माँ के प्रत्येक शब्द को वेदवाणी की तरह आज भी माना जाता है। संस्कृत में जो संहिताएँ बनीं, आचार–विचार और नीति शास्त्र बने, उनका धीरे–धीरे लोप होता गया और

मेरा संपूर्ण कलेवर कुत्सित और विकृत होने लगा। धीरे–धीरे मेरी उपयोगिता नष्ट होने लगी क्योंकि जिन लोगों ने मेरे माध्यम से नई पीढ़ी को संदेश देना शुरू किया, वह संदेश निष्प्राण साबित हो गया। इसके लिए जिन लोगों ने सूत्र संचालित किया उनके बजाय मुझे दोषी मानकर आज के परिवेश में अनुपयुक्त मान लिया गया। मैं तो केवल एक माध्यम हूँ। मेरे माध्यम से अच्छी बातें भी कही जा सकती हैं और बुरी बातें भी। जवाबदेही तो उनकी होती है, जो सूत्र संचालन करते हैं। फिर भी मुझे बाँझ घोषित कर दिया गया। मुझे कहा गया कि तुम नई पीढ़ी को कोई क्रियात्मक ऊर्जा नहीं दे सकती हो। तुम जीवन जीने की विधि सिखाने में पूरी तरह असमर्थ हो। मैंने सारे आरोप स्वीकार कर लिये। मैं शिक्षा हूँ। मेरे जीवन का एक ही उद्देश्य है, नई पीढ़ी के लोगों तक नैतिक संदेश पहुँचाना। अगर भविष्य में सूत्र संचालन करने वाले जीवन–शिक्षा का प्रचार कर सकें तो मुझे खुशी होगी। लेकिन इस नई शिक्षा के संवाहक बनकर जो भी लोग इस पवित्र कार्य का संकल्प लेते हैं, उन्हें सबसे पहले पूर्ण प्रशिक्षित और दीक्षित बनाना चाहिए तभी शिक्षा की नैतिकता नई पीढ़ी तक पहुँचा सकेंगे। आज नई शिक्षा के लिए बड़े ही महत्त्वपूर्ण क्रियात्मक सुझाव दिए गए हैं। मैं स्वयं उन सुझावों से सहमत हूँ लेकिन फिर यहाँ प्रश्न उठता है, जो भी लोग संवाहक होंगे, उन्हें अपनी निष्ठा और संकल्प का शपथ लेकर इस कार्य में लगना चाहिए।

पहले प्रत्येक माता–पिता बच्चों को गलत काम से रोकने के लिए हाथ से इशारा करते थे, तभी किसी माध्यम की आवश्यकता पड़ी। पहले सीख देने के लिए मेरी आवश्यकता पड़ी, वहीं से मेरा जन्म हुआ, फिर उस प्रतीक रूप में मेरा उपयोग हुआ। उसके बाद लोगों ने विभिन्न भाषाओं में मेरा प्रयोग करना शुरू किया। तब से लगातार मेरी आकृति बदलती रही। दुनिया में जितने भी लोग हैं, सबों ने अपनी बोली को विभिन्न भाषाओं में आवश्यक रूप से प्रयोग किया। बाद में उसी के माध्यम से लोग एक दूसरे को अच्छी–बुरी बात कहने लगे। प्राचीन काल में वेद की अमृतवाणी में मेरा उपयोग होने लगा। पहले अच्छी बातें लोग केवल बोलकर कहते थे, जिस कारण वेद को श्रुति कहा गया है। पहले मेरा उपयोग बोलकर किया जाता था, उसके बाद लिपिबद्ध किया गया। पहले सीख देने के लिए मेरा उपयोग होता था और बाद में बकवास करने के लिए, लड़ाई–झगड़ा करने के लिए मेरा उपयोग होने लगा।

मैं शिक्षा हूँ। मेरी एक बहन भी है– दीक्षा। शिक्षा से शिक्षक शब्द बना, जिसका अर्थ है वह व्यक्ति जो दूसरों को अच्छी नैतिक बातें बताता हो लेकिन जब शिक्षक का जीवन प्रदूषित होने लगा तो व्यक्ति को नैतिक बनाने के लिए दीक्षा की जरूरत पड़ी, इसी से दीक्षित शब्द बना। जो व्यक्ति नैतिक है, उसे दीक्षित कहा जाने लगा।

2. भारतीय शिक्षा नीति के आलोक में नई शिक्षा नीति चले

वर्षों बाद भारत में नई शिक्षा नीति का प्रारूप तैयार हुआ। इसमें प्रयास किया गया है कि भारतीय शिक्षा की मूल आत्मा की रक्षा करते हुए आधुनिक शिक्षा से बच्चों को परिचित कराया जाए। शिक्षा को अधिक से अधिक जीवन उपयोगी एवं व्यावहारिक बनाया जाए। वर्तमान शिक्षा पद्धति जो मैकाले ने बनाई थी, उस शिक्षा में यह प्रयास किया गया था कि भारत की मूल आत्मा को नष्ट कर छात्रों को मॉडर्न बनाने के नाम पर उनके दिमाग में भारत विरोधी बातें भरी जाएँ, क्योंकि विश्व के सभी लोग यह मानते रहे हैं कि भारत में जो गुरुकुल शिक्षा पद्धति चलती थी, वह सर्वश्रेष्ठ पद्धति थी, क्योंकि इसकी नींव गुरूकुलों में रखी जाती थी, जहाँ तपे–तपाए शिक्षाविद, संत, मनीषी, दार्शनिक व्यक्ति शिक्षासूत्र का संचालन करते थे और वैदिक परंपराओं के अनुरूप छात्र–छात्राओं को शिक्षण–प्रशिक्षण दिया जाता था। इन रूपों में एक साथ छात्रों के आंतरिक गुणों और मानसिक शक्तियों को विकसित किया जाता था। दूसरी ओर उनकी शारीरिक श्रेष्ठता बढ़ाई जाती थी, साथ ही उनमें चारित्रिक उत्कृष्टता बढ़ाई जाती थी। इसके साथ उनमें व्यवहारकुशल एवं संसार में जीने योग्य उन समस्त कलाओं का निवेश किया जाता था, जिस कारण छात्रों को अपने जीवन की संपूर्णता का बोध हो पाता था।

छात्रों को उस ज्ञान का बोध कराया जाता था, जिससे उसे स्वयं के बारे में अपने माता–पिता के महत्त्व के बारे में, परिवार, समाज और देश के बारे में पूरी जानकारी हो पाती थी। यही कारण है कि जो भी छात्र गुरुकुलों में जाते थे, वे शास्त्र विद्या में निपुण तो होते ही थे, इसके साथ ही शस्त्र–संचालन और जीवन जीने की विधियों से पूर्ण परिचित

होकर ही निकलते थे। गुरुकुलों में सबसे पहले उन्हें मातृ देवो भव, पितृ देवो भव, गुरु देवो भव का पाठ पढ़ाया जाता था। इस कारण बचपन से उनके मन में माता–पिता, गुरुजन एवं समस्त बड़ों के प्रति आदर और सम्मान बढ़ जाता था। वे जीवनभर माता–पिता की सेवा का व्रत लेते थे और उसका निर्वहन करते थे, जिस कारण जीवन भर अपने परिवार के बंधन में बंधे रहते थे क्योंकि आश्रम में गुरु जी ने बताया था कि जिस माँ ने तुझे जन्म दिया वह देवी है। विश्व की सर्वश्रेष्ठ महिला है। उसके चरण स्पर्श करने से अपार फल की प्राप्ति होती है। पिता दिव्य शक्तियों का पुंज है। वह पालन करता है। तुम्हारा शरीर उन्हीं की ऊर्जा से बना है, इसलिए पिता का चरण स्पर्श कर पुण्य के भागी बनो। गुरु ज्ञान का प्रकाश भरता है। जीव को अंधकार से मुक्त करता है। इसलिए वह पूज्य है। इसका फल यह होता था कि मनुष्य अपना संपूर्ण जीवन तो जीता ही था साथ ही परिवार के अन्य लोगों के प्रति जो उसका दायित्व था, उसका निर्वहन करता था इसलिए कोई भी व्यक्ति माता–पिता एवं परिवार से टूटता नहीं था। भारत में जो संयुक्त परिवार की प्रथा थी, उसके पीछे भारतीय मनीषियों के दार्शनिक चिंतन का प्रभाव स्पष्ट दिखता था।

एक और महत्त्वपूर्ण बात होती थी कि गुरुकुलों में शिक्षा दी नहीं जाती थी बल्कि गुरु से शिक्षा ली जाती थी। छात्र–छात्राएँ अपनी–अपनी अभिरुचि के अनुरूप अपने गुरु से ज्ञान प्राप्त करते थे और जब वे निष्णात हो जाते थे तो उन्हें दीक्षित कर समाज में भेजा जाता था, ताकि वे समाज की विभिन्न विधाओं का आसानी से मुकाबला करें। यह तभी संभव हो पाता था, जब छात्र केवल किताबी ज्ञान नहीं प्राप्त करते थे, बल्कि जीवन जीना सीखते थे। महर्षि वशिष्ठ ने श्रीराम सहित चार भाइयों को केवल सूचना भर शिक्षा नहीं दी बल्कि उन्हें जीवन जीना सिखाया। संस्कृत भाषा के अतिरिक्त पशु, पक्षी एवं वृक्षों की भाषाओं का भी ज्ञान कराया। तभी चक्रवर्ती सम्राट के पुत्र जब शिक्षा प्राप्त कर लौटे तो वनवास जाने पर उन्हें कोई कष्ट नहीं हुआ। वे 14 वर्षों के समय को बहुत ही सहजता से झेलते रहे। अगर उन्हें जीवन जीने की विधि और व्यावहारिक शिक्षा नहीं दी गई होती तो सीता जैसी सुकुमारी वन जाते ही टूटकर बिखर जाती और राम हारकर कलंकित जीवन जीने के लिए लौट जाते।

दरअसल, शिक्षा का उद्देश्य पूर्ण रूप से जीवन जीना सिखाना है। मनुष्य शिक्षा इसलिए प्राप्त करता है कि उसे जीवन जीना आ जाए। वह अपने सद्कर्मों से माता–पिता, पत्नी एवं बच्चों के प्रति जो दायित्व है, उन्हें निभा सके। तभी शास्त्रों में कहा गया है कि मनुष्य का जीवन सार्थक तभी हो पाता है, जब वह मातृऋण एवं पितृऋण से मुक्त हो सके। जीवन भर गुरु के प्रति, बड़ों के प्रति आस्थावान बना रहे।

मानस में गोस्वामी जी ने लिखा है –

मात पिता उऋण भय नीके,
गुरु ऋण रहा शेष बड़ जी के।

इसी ज्ञान के कारण छात्र जीवन भर अपने माता–पिता एवं गुरुजनों के प्रति आस्थावान रहता है। इनके संरक्षण में रहने के कारण मनुष्य जब कभी संकटों में घिरता था तो परिवार के बड़ों का मार्गदर्शन एवं आशीर्वाद प्राप्त करता था। वह किसी भी समस्या से निपटने में समर्थ हो पाता था। यही कारण है कि लाखों वर्षों से भारत की मूल आत्मा परिवार में बची रही। भारत में अनेक आक्रमणकारी आए, उन्होंने सभी प्रकार से समाज को तोड़ने का प्रयास किया लेकिन समाज इसलिए नहीं टूटा कि उनके मन में यह भाव भरा हुआ था कि माता–पिता और परिवार परमात्मा स्वरूप हैं। उनसे अलग होकर उनका कोई अस्तित्व नहीं है। यही कारण है कि छात्रों के मन में बचपन में जो संस्कार भरे जाते हैं, वे संस्कार जीवन भर उनके साथ रहते हैं।

इधर आकर जब देश में लॉर्ड मैकाले ने 1858 में इंडियन एजुकेशन एक्ट लागू किया, क्योंकि वह जानता था कि जब तक देश में गुरुकुल शिक्षा पद्धति चलती रहेगी, संस्कृत के सूत्रों से छात्रों को अवगत कराया जाता रहेगा तब तक भारत को गुलाम बना कर रखना संभव नहीं है, इसलिए उसने गुरु–कुल शिक्षा पद्धति को अमान्य घोषित किया। संस्कृत के पठन–पाठन को प्रतिबंधित किया। संस्कृत के आचार्यों को प्रताड़ित किया और बदले में अंग्रेजी शिक्षा को प्रोत्साहित किया। संस्कृत के आचार्य रोजी–रोटी को तरसने लगे और अंग्रेजी पढ़े–लिखे लोग बड़े–बड़े अधिकारी बन गए। फलतः संस्कृत का लोप हो गया।

अंग्रेजों ने सबसे बड़ी चालाकी यह की कि उन्होंने भारत के रीति–रिवाजों, पूजा–पद्धति को अंधविश्वास घोषित कर दिया। माता–पिता एवं बड़ों के प्रति नफरत फैलाना शुरू किया। माँ को मॉम यानी मम्मी कहना सिखाया एवं पिता को डैड कहना सिखाया और हमारे बच्चे मॉडर्न होने के नाम पर इन शब्दों का प्रयोग करने लगे। मिस्र में मोम के पुतले को आज भी मम्मी कहा जाता है। लंदन में भी इस तरह के अनेक केंद्र मिलते हैं। दरअसल मम्मी उसके लिए प्रयोग होता है जो मर चुकी है। उसके शव को मम्मी कहा जाता है और डैड गुजरे हुए लोगों के लिए प्रयोग होता है। इन शब्दों का प्रयोग आज बड़े ही स्वाभिमान से लोग अपने लिए कराते हैं। जब बच्चों के मन में माता–पिता के प्रति आदर का भाव नष्ट होने लगा और जब बच्चे माता–पिता के प्रति घृणा करने लगे तब समाज बिखरने लगा।

भारत में प्राचीन काल से संयुक्त परिवार की प्रथा थी लेकिन सबसे पहले अंग्रेजी शिक्षा पद्धति ने इसे ध्वंस कर दिया। परिणाम यह हुआ कि जब लोग अंग्रेजी शिक्षा पद्धति से पढ़कर घर लौटे तो उन लोगों ने माता–पिता एवं परिवार के लोगों को पूरी तरह अस्वीकार कर दिया और वे अकेले रहने लगे। परिणाम यह हुआ कि अकेले होने के कारण उनका जीवन भी अस्त–व्यस्त हो गया। पहले वे परिवार से टूटे, फिर पत्नी व बच्चे से टूटे और वे अंत में स्वयं से टूट गए। उनके जीवन का आकर्षण, दूसरों के प्रति लगाव सब नष्ट हो गया। वे अशांत रहने लगे।

जब लोगों ने देखा कि इतनी ऊँची डिग्री लेकर लौटा व्यक्ति इतना निराश, हताश और चिंताग्रस्त होकर जी रहा है तो ऐसी पढ़ाई से क्या फायदा! धीरे–धीरे लोगों के मन में शिक्षा के प्रति वितृष्णा बढ़ने लगी, लोग स्कूल–कॉलेजों से भागने लगे क्योंकि शुरू में इन स्कूल–कॉलेजों में इसलिए गए थे कि वहाँ शिक्षा प्राप्त कर अपने जीवन को आनंदपूर्ण बना सकेंगे। लेकिन इतने बर्षों की पढ़ाई के पश्चात् जब उनके पास 'जीवन जीने की विधि' का कोई बोध नहीं हुआ, वे संसार में जीने योग्य नहीं रह सके, तब उनके मन में विराग उत्पन्न हो गया। उन लोगों ने जब पीछे मुड़कर देखा तब उन्हें लगा कि जिस जीवन को सुखमय, आनंदपूर्ण एवं सफल बनाने के लिए अपनी कुंठाओं और

अंधविश्वासों को नष्ट करने के लिए वे इन स्कूलों और कॉलेजों में गए थे, उनमें सबसे बड़ी भूल यह हुई कि उनका जीवन पीछे छूट गया और वे शिक्षा लेकर आगे बढ़ गए। जिस जीवन के लिए वे शिक्षा प्राप्त करने गए थे, वही जीवन पीछे छूट गया।

इसका एक ही कारण था कि अंग्रेजों द्वारा बनाई गई शिक्षा पद्धति जीवन के लिए नहीं शिक्षा के लिए रह गयी। जिस शिक्षा को एजुकेशन फॉर लाइफ होना चाहिए वह एजुकेशन फॉर एजुकेशन बनकर रह गयी। शिक्षा जीवन के लिए है। अंग्रेजों ने सबसे पहले हमारे छात्रों के मन से इस भाव को हटा दिया। आज के युग में नई पीढ़ी में संत्रास, हताशा और निराशा व्याप्त है। उसका एक ही कारण है कि भारत की मूल आत्मा संस्कृति और संस्कार से बच्चों को पूरी तरह अलग खड़ा कर दिया गया। अब शिक्षा जीवन के लिए उपयोगी नहीं रही, यह सूचना भर हो गयी। आज पूरी की पूरी शिक्षा पद्धति डाटा सिस्टम पर निर्भर हो गई है। जिस व्यक्ति के पास जितना डेटा है, वह उतना बड़ा विद्वान माना जाने लगा। समाज में आचार्य, ज्ञानियों एवं गुरुजनों की उपेक्षा होने लगी। अब नई शिक्षा में आशा की किरण दिखी है।

वर्षों बाद माननीय प्रधानमंत्री के मार्गदर्शन में नई शिक्षा नीति की घोषणा हुई। यूँ तो इसके पहले भी कई बार शिक्षा नीति बनाई गई लेकिन वह सफल नहीं हो सकी। दरअसल कोई भी नीति तभी सफल होती है, जब नीति बनाने वाले और उसे लागू करने वाले की दृष्टि स्पष्ट होती है। आज तक हमारी असफलता का कारण एक ही है कि जब भी नीति बनाई गई, समिति की आधारभूत संरचना भारतीय संस्कृति और संस्कार की पृष्ठभूमि में नहीं बनाई गई। प्रत्येक बार हम पाश्चात्य देशों की चिंतन धारा का अनुकरण करते रहे। इस भूल के कारण भारत की भूमि पर विदेशी चिंतन धारा का बीज अंकुरित नहीं हो सका।

दरअसल, भारत एक कृषि और ऋषि प्रधान देश है। इस देश का प्रत्येक व्यक्ति धर्मप्राण होता है, आध्यात्मिक होता है। यहाँ तो प्रत्येक व्यक्ति अपना काम परमात्मा को साक्षी मानकर करता है। बच्चों की जब पढ़ाई प्रारंभ होती है तो विधिवत पूजा–पाठ करके माता सरस्वती को प्रणाम करके गायत्री मंत्र के पाठ के पश्चात 'तमसो मा ज्योतिर्गमय' कहते हुए 'राम गति देहू सुमति' से पढ़ाई प्रारंभ करते हैं। इसी कारण

शिक्षक को यहाँ भगवान का दर्जा दिया जाता है और शिक्षक भी निष्ठापूर्वक शिक्षक के दायित्व का निर्वाह करते हैं। पढ़ाई शुरू करते हुए प्रतिदिन छात्र अपने माता–पिता को प्रणाम करता है। गुरुजन का पैर स्पर्श करता है और देवगुरु बृहस्पति को स्मरण कर 'विद्यांरभे गुरुवारे' अपनी पढ़ाई प्रारंभ करता है। आजकल बच्चों को शिक्षा दी जाती है। शिक्षा बाहर का आवरण है। प्राचीन काल में आंतरिक परिवर्तन के लिए शिक्षा दी जाती थी। जीवन की सभी विधाओं में दक्ष बनाना शिक्षा का काम है। उस समय शिक्षा की धारा जीवन के कूल–कगारों से सटकर बहती थी। तब शिक्षा जीवन हुआ करती थी। इसलिए हम शिक्षा की देवी सरस्वती की आराधना करते हैं।

भारत का विश्वास है कि शिक्षा से हमारा जीवन प्रकाशमान हो सकता है। हमारा जीवन जीवंत हो सकता है तो निश्चित रूप से विद्या प्रदान करने वाली सरस्वती हमारी माँ है। इसलिए प्रतिवर्ष हम सरस्वती पूजा करते हैं। यहाँ तक कि भारत इस पृथ्वी को मातृभूमि कहता है। पृथ्वी को माँ मानने वाला भारत पहला देश है– 'माता भूमि पुत्रोऽहम पृथिव्यां' यहां तक कि हम वृक्षों को भी देवता मानते हैं। ऑक्सीजन प्रदान करने वाला पीपल का वृक्ष और तुलसी की हम पूजा करते हैं। वृक्षों के संबंध में कहा गया है– 'पाते–पाते देवानाम'। आज पूरी दुनिया में ऑक्सीजन के लिए त्राहिमाम मचा हुआ है क्योंकि संसार से वृक्ष विलुप्त हो रहे हैं। पर्यावरण बचाओ अभियान जोर–शोर से चलाया जा रहा है और दूसरी तरफ वृक्षों और पहाड़ों को हम नष्ट कर रहे हैं। भारत नदी, पहाड़, वृक्षों को पूजता है क्योंकि ये सभी हमारी प्राण–वायु की रक्षा करते हैं। आज विश्व में पर्यावरण पर जो संकट आया है, उसका एक ही कारण है कि हम लोगों ने वृक्ष, पेड़, पौधों को नष्ट कर दिया है। प्राचीन काल से यहाँ के संतों, विचारकों को पता था कि प्रकृति से ही हमारा जीवन चलता है इसलिए वे प्रकृति को माँ मानते रहे हैं। भारत में जो शिक्षा चलती थी वह इन प्राकृतिक चीजों को देवता मानती थी लेकिन आज की शिक्षा पद्धति में इन प्राकृतिक संपदाओं को निष्क्रिय पदार्थ मान लिया गया है। हम जिसे भगवान मानते थे, उसे फालतू पदार्थ समझकर वृक्ष और पहाड़ों की कटाई शुरू हो गई क्योंकि पाश्चात्य देश पदार्थवादी देश हैं। भारत अध्यात्मवादी देश है इसलिए दोनों के विचार, चिंतन अलग–अलग हैं।

जब कभी भारत के अध्यात्म पर पदार्थ प्रभावशाली बनता है तो भारत की आत्मा कराहने लगती है। इतने वर्षों से विदेशी शिक्षा पद्धति यहाँ चलने के कारण भारत की नई पीढ़ी असमंजस में पड़ गई है। परिवार का संस्कार कहता है माता–पिता परमात्मा स्वरूप हैं। किताबों में पढ़ाया जाता है कि ये लोग परिवार के फालतू हिस्सा हैं। इसी विरोधाभास के कारण आज की नई पीढ़ी भटक गई है। भारत में ऐसी शिक्षा नीति चाहिए जो यहाँ के संस्कार, नैतिकता और मानसिकता के अनुरूप हो। मैं समझता हूँ नई शिक्षा नीति इन तमाम प्रश्नों का उत्तर देने में समर्थ होगी।

भारत में शिक्षा को हम जीवंत मानते हैं। भारत का विश्वास है कि गुरुमुख से निकली जीवंत शिक्षा ही छात्रों को जीवंत बना सकती है। इसलिए भारत में पुस्तक प्रधान शिक्षा के बजाय छात्र शिक्षक संवाद वाली शिक्षा को प्रमुखता दी गई है। इसलिए शिक्षा को 'श्रुति' भी कहा गया है। सुनकर स्वयं अनुभव करना श्रेष्ठ शिक्षा है। बीच में आधुनिक शिक्षा वालों ने टी.वी., कैसेट्स और मीडिया के विभिन्न माध्यमों द्वारा बच्चों को पढ़ाने का प्रयास किया है लेकिन वह भी इसलिए असफल हुआ कि किसी जीवित व्यक्ति को ऑडियो जैसे निर्जीव माध्यम से पढ़ाना संभव नहीं है। यह विज्ञान का नियम है कि कोई जीवित व्यक्ति ही दूसरे जीवित व्यक्ति के जीवन में शिक्षा का प्रकाश फैला सकता है। इससे स्पष्ट होता है कि शिक्षा को छात्रों में तभी उतारा जा सकता है, जब सामने जीवित छात्र बैठा हो। पढ़ाते समय जब छात्रों में प्रतिक्रिया दिखे, तभी शिक्षा को छात्रों में उतारा जा सकता है। इसलिए आवश्यक है कि कोई जीवित व्यक्ति अपने अनुभव से शिक्षा को जीवंत बना कर छात्रों तक पहुँचाएँ। प्राचीन काल में गुरुकुल में बच्चों से साक्षात् संवाद करते थे। उन्हें अपनी स्वयं की प्रवृत्ति को विकसित करने का मौका देते थे, जिस कारण बच्चों की अपनी प्रतिभा का विकास होता था।

दूसरा कारण था कि जो भी शिक्षक होते थे, वह स्वयं शिक्षा क्षेत्र में पके–पकाए होते थे। शिक्षक आत्मद्रष्टा होता था। वह चिंतन करता था और निरंतर बच्चों की पढ़ाई के संबंध में सोचा करता था। जो व्यक्ति आचार्य या शिक्षक होता था वह कोई शिक्षा का व्यापार करने वाला नहीं था, शिक्षा का दान करने वाला होता था। इसलिए वह समाज से अलग

हटकर अपने गुरुकुल में बच्चों को आवासीय व्यवस्था कर अपने साथ रखता था और अपने संस्कारपूर्ण नैतिक जीवन से बच्चों को अनुप्रेरित करता था। गुरु आश्रमों में बैठकर आचार्य जीवन की विविध विधाओं पर सूत्र बनाता था, जिसमें उसका कोई स्वार्थ नहीं दिखता था। वे आश्रमों में बैठकर जीवन के उपयोगी तत्त्व पर विचार कर नीति बनाते थे और उसे लागू कर देते थे। उस समय जो भी व्यक्ति शिक्षा की नीति बनाता था वह राजसत्ता में नहीं होता था, क्योंकि नीति बनाते समय उसे किसी प्रकार की राजसत्ता का लोभ नहीं होता था। फलतः वह निष्पक्ष शिक्षा नीति बनाता था और आश्रमों को उसका पालन करने के लिए दे देता था, क्योंकि जो व्यक्ति नीति बना दे और वही लागू करे तो उसमें निष्पक्षता नहीं होगी। इसलिए प्राचीन भारत में राजसत्ता का संविधान साधु–संतों के द्वारा जंगलों में बैठकर बनाया जाता था और उस संविधान को राजसत्ता को सौंप दिया जाता था। इसलिए भारत को ऋषि प्रधान देश कहा जाता है।

भारत में आज तक जो शिक्षा नीति विफल रही, उसका एकमात्र कारण यह है कि भारत में यहाँ की संस्कृति और संस्कार की पृष्ठभूमि में शिक्षा नीति नहीं बनायी गयी। हम विदेशों की नकल करके अपनी नीति बनाते रहे। फलतः नकल की हुई नीति को भारत ने स्वीकार नहीं किया। भारत मानता है कि मुझे ऐसी शिक्षा चाहिए जो हमें जीना सिखा दे। लेकिन आज की सूचना–परक निष्प्राण शिक्षा बच्चों के जीवन में कोई रूपांतरण नहीं कर सकी। फलतः यह शिक्षा बार–बार विफल होती रही। क्योंकि भारत मानता है कि जीवंत शिक्षा ही किसी जीवित व्यक्ति में जीवंतता प्रदान कर सकती है। इसलिए जब भी कोई शिक्षा नीति भारत में आई उसे अस्वीकार कर दिया गया, क्योंकि भारत को ऐसी शिक्षा चाहिए जो भारतीय संस्कृति और संस्कार पर आधारित हो।

विश्व में अनेक छोटे–छोटे देश हैं, जिनकी अपनी शिक्षा नीति है। जापान, नेपाल, लंका, बांग्लादेश, भूटान जैसे अनेक देश हैं जिनकी अपनी शिक्षा नीति है, अपनी भाषा है और वहाँ के बच्चों को उस देश विशेष के परिवेश में शिक्षा दी जाती है। उन छोटे देशों में कभी भी किसी विदेशी शिक्षा की नकल नहीं की गई। वे अपनी ही संस्कृति के अनुरूप अपने बच्चों को पढ़ाते रहे। किन्तु, हमारी नई पीढ़ी के बच्चे न

भारत के रह सके और ना ही विदेशी सभ्यता के अनुरूप स्वयं को ढाल सके। उन्हें सबसे पहले माता–पिता से तोड़ा गया। परिवार की संस्कृति, संस्कार को अंधविश्वास कहकर उनके मन में भारत के प्रति घृणा पैदा की गई। माता–पिता कहने के बजाय मम्मी, डैडी कहना सिखाया गया। जिस कारण उनकी स्थिति ऐसी बन गई कि वे ना घर के रहे ना घाट के। अंग्रेजी शासकों ने हर संभव प्रयास किया कि भारत की जो मौलिक संस्कृति है उसे उखाड़ फेंका जाए। ताकि देश में कोई वीर सावरकर, लोकमान्य तिलक, गाँधी, अंबेडकर, मदर इंडिया, अबुल कलाम आजाद, सुभाष चंद्र बोस, भगत सिंह, चंद्रशेखर आजाद, बटुकेश्वर दत्त जैसे भारत को माता कहकर पुकारने वाला सपूत पैदा ना हो। यह मैकाले की सबसे बड़ी सफलता थी। उसने शिक्षा के माध्यम से भारत की अस्मिता को पहले नष्ट किया फिर विदेशी सभ्यता का बीज रोपण किया। उस बीज को आज तक हमने अंकुरित होने से कभी नहीं रोका।

आज तक मैकाले की 1858 वाली शिक्षा नीति भारत में चलती रही। जब हमारी नई पीढ़ी के बच्चों ने बार–बार उसे अस्वीकार कर दिया तब भी वर्षों तक हम प्रतीक्षा करते रहे कि हम अब नई शिक्षा नीति बनाएँगे। लेकिन इतने बड़े संकल्प को पूरा करने के लिए कोई व्यक्ति हिम्मत नहीं कर सका। इस बीच कितनी पीढ़ियाँ गुजर गईं, उचित वातावरण के अभाव में भारत के अनेक लोकमान्य तिलक, सुभाष चंद्र बोस, भाभा, कलाम साहब जैसे सपूत कुछ करने आए लेकिन कुछ कर नहीं सके। इतिहास के गर्त में दब गए, क्योंकि कोई भी प्रतिभा अपने उपयुक्त वातावरण में ही विकसित हो सकती है। इसलिए आवश्यक है जो भी शिक्षा नीति बने, वह लागू हो, वह बच्चों के संस्कार और परिवेश के अनुरूप होनी चाहिए।

अब प्रश्न है कि नई शिक्षा नीति को बच्चों तक कैसे पहुँचाया जाए। पहला अनुरोध तो यह है कि शिक्षा की नीति तो बदल गई लेकिन जो लोग शिक्षा देने वाले हैं, वे अभी भी वही हैं। जो प्राचीन शिक्षा को अब तक रोते रहे हैं। शिक्षा नीति तो बदल गई लेकिन शिक्षकों–छात्रों तक पहुँचाने वाले लोग नहीं बदले। किसी भी शिक्षा–नीति की सफलता इस बात पर निर्भर करती है कि जो लोग शिक्षा के संभाग हैं, वे इस मिशन के प्रति कितने जागरूक हैं।

3. वर्तमान युग में शिक्षा का स्वरूप

आज के युग में मेरा स्वरूप पूरी तरह बदल चुका है। पहले मैं संत महात्माओं के घर रहा करती थी। मुझे लोग शिक्षा माता कहते थे। लोग मेरी पूजा करते थे। मुझे सरस्वती के रूप में पूजा जाता था, लेकिन आज मैं आम लोगों के घर रहने लगी। मेरे पाँव में ऊँची एड़ी की जूती आ गई। जिन होठों से मैं वेद की ऋचाएँ बोलती थी, उसमें लिपस्टिक चढ़ गई। पहले मुझे माँ कहकर पुकारते थे, अब लोग मुझे मैडम कहने लगे। मैं तपस्थली आश्रम से निकलकर वातानुकूलित कमरे के ड्राइंग रूम में बैठने लगी।

हाल यह हुआ कि मेरे प्रति आदर के सब भाव खत्म होते गये। मैं भूतपूर्व नायिका की तरह उपेक्षित रहने लगी। देखते–देखते मैं ड्राइंग रूम से निकलकर बरामदे में आ गई। फिर वहाँ से पोर्टिको में बैठा दी गई। अब मैं इंतजार करती हूँ कि कोई मुझसे मिलने आए, लेकिन कोई नहीं आता।

धीरे–धीरे मेरा शरीर कमजोर होने लगा। मैं विकलांग बन गई। किसी ने बताया कि मुझे टीबी हो गया है। अब मेरा दुर्भाग्य शुरू हुआ। अब मैं अपने नाम से बने विभाग के करीब पोर्टिको में कराहती पड़ी रहती हूँ और मेरे शिक्षा–पुत्र कहे जाने वाले मुझे बेचकर रोटी खाने लगे, बड़ी–बड़ी गाड़ियों पर मेरे विभाग में आते, कुछ लोग मेरी ओर सिगरेट के टुकड़े फेंकते, कुछ लोग पीक फेंकते और मैं सब देखती रहती कि कभी मेरे सामने धूप अगरबत्ती, फूल चढ़ाते थे, आज सिगरेट के टुकड़े फेंक रहे हैं।

तब मुझे अपनी बहन दीक्षा की याद आयी। मुझे अब समझ में आया कि मेरा जो स्वरूप दिखने लगा है, वह मैं जब मॉडर्न बनने लगी, उसी कारण से है।

आज मैं सरस्वती स्वरूपा शिक्षा बाजारू बन गई। लोगों ने मुझे फूहड़, गंवार, निकम्मा कहना शुरू कर दिया। छात्र, शिक्षक सबों ने मुझे नकार दिया। मुझे लांछित कर कहा जाने लगा कि जीवन में तुम्हारी कोई आवश्यकता नहीं है। तुम्हारी संगति में रहकर, तुझे प्राप्त कर जीवन नष्ट

नहीं करना है। मुझे सब तरह से अपमानित किया जाने लगा। मुझे बाँझ, परित्यक्ता, अभागन कहा जाने लगा, क्योंकि जो लोग मेरी संगति में आए उनके जीवन में कहीं कोई परिवर्तन, ट्रांसफॉरमेशन, आकर्षण पैदा नहीं हुआ। मुझे बेरोजगारी से जोड़ दिया गया। अब तक मुझे जीवन के चरित्र, नैतिकता, आदर्श, आचरण के लिए स्वीकार किया जाता था। आज मेरा मूल्यांकन व्यापारिक दृष्टि से किया जाने लगा। लोग आते, मुझसे पूछते, मेरे जीवन में तुम्हारी क्या उपयोगिता है। यह सुनकर मैं चुप रह जाती।

मैं कैसे कहूँ कि मैं कोई वस्तु नहीं कि लोग मुझे ड्राइंग रूम में सजाएँ। अरे मूर्खों, मैं तो तुम्हारी माँ हूँ , तुम्हारी सरस्वती माँ, तुम्हारे जीवन को नैतिक बनाने वाली ज्ञान की देवी हूँ। लेकिन वह क्यों मानने लगे। मुझसे तो उन्हें व्यापार करना था। उन्हें क्या पता कि मैं जीवन को सुखी और नैतिक बनाने वाली ऊर्जा हूँ। उन्हें क्या पता कि माँ के दूध का क्या अर्थ है? माँ ने तुम्हें जीवन जीने की विधि सिखाई है, तुम्हें कपड़ा पहनने से लेकर बोलने तक की विधि बताई है। आज पूछते हो मेरी क्या आवश्यकता है? आज जिसे तुम खंडहर कह रहे हो, वह प्राचीन काल में कभी विशाल कंगूरा की तरह खड़ा था। जहाँ से जीवन जीने की कला सिखाई जाती थी। पशुतुल्य मनुष्य को देवता बनाने की कला सिखाई जाती थी। इन खंडहरों में अतीत की अनेक कथाएँ छिपी हैं। आज अगर अंतरिक्ष में छलांग लगानी है तो तुम्हें उन्हीं खंडहरों पर खड़ा होकर अंतरिक्ष में छलांग लगानी होगी। लेकिन आज मेरी कोई नहीं सुनता। आज मेरी संतानों ने ही मुझे अनाथालय में भेज दिया है। इसलिए मैं आज अपनी बहन दीक्षा को पुकार रही हूँ। मैं मान चुकी हूँ कि अब हमारी नई पीढ़ी को शिक्षा की नहीं दीक्षा की जरूरत है। मैं भी नई पीढ़ी के बच्चों से अनुरोध करूँगी कि अब केवल शिक्षा से तुम्हारे जीवन में उपलब्धियाँ आना संभव नहीं है इसलिए तुम ऐसी शिक्षा प्राप्त करो जो तुम्हें दीक्षित करे, तुम्हें सम्पूर्ण मानव बनाए।

आज मैं निष्ठापूर्वक स्वीकार करती हूँ कि अब नई पीढ़ी को वैसी शिक्षा चाहिए जो उसे जीना सिखाए। उसे ऐसी शिक्षा चाहिए, जिससे उसका जीवन व्यापक बन सके। वह जीवन की हर संभावनाओं को प्राप्त कर सके।

इसलिए मैं नई शिक्षा नीति के आगमन का अभिनंदन करती हूँ, क्योंकि मैं शिक्षा हूँ।

4. नई शिक्षा नीति में जीवन की तलाश

शिक्षा जीवन जीने का नाम है। शिक्षा वह है, जो मनुष्य को जीवन जीना सीखा दे। अज्ञान के अंधकार से प्रकाश की यात्रा पर ले चले। जीवन सबके पास है। सभी यात्रा पर निकलते हैं, लेकिन जो शिक्षित हैं, जिन्हें जीवन जीना आ गया है, उनकी यात्रा क्रियात्मक होती है, निर्माण की होती है। शिक्षा को इसीलिए जीवन जीने की विधि "Methods of Life" कहते हैं। मनुष्य शिक्षा इसलिए प्राप्त करना चाहता है कि उसे जीवन की विविधताओं का ज्ञान हो जाए। इसलिए जो लोग जीवन के उद्देश्यों से परिचित हो जाते हैं; उनका जीवन सार्थक और क्रियात्मक बन जाता है। अतः जीवन को व्यवस्थित करने के लिए शिक्षा की आवश्यकता होती है।

यह सत्य है कि शिक्षा जीवन को जीने योग्य बनाती है, इसलिए जो लोग शिक्षा से वंचित हैं, उनकी अज्ञानता को नष्ट करने के लिए उनके अहंकार, उनके अन्धविश्वास को नष्ट करने के लिए तमसो मा ज्योतिर्गमय को आमंत्रित किया जाता है। आज पूरी मानव जाति इसलिए शिक्षा ग्रहण करना चाहती है कि उसके जीवन में प्रकाश उतरे। वह संसार के रहस्यों को जान सके। इसलिए कहा गया है अविज्ञातुं विजानिताम अथवा उसे जानो जो अभी तक प्रकृति का रहस्य बना हुआ है।

गोस्वामी जी कहते हैं--

जेहिं जानत तेहिं देहु जनाई,
जानत तिन्ही 'तिन्ही' होई जाई।

शिक्षा का उद्देश्य है स्वयं को जानना, प्रकृति और परमात्मा को जानना। प्राचीन काल में गुरुकुलों में इसे जानने के लिए छात्र जाते थे। आज भी लाखों छात्र–छात्राएँ इसी जीवन के रहस्यों को जानने के लिए

जाते हैं, लेकिन जब उन्हें वहाँ वैसा कुछ नहीं मिलता तो वे निराश होकर लौट जाते हैं। वे तो जीवन जीने की विधि सीखने आये थे, जीवन को सुन्दर कैसे बनायें? इसे जानने आये थे, लेकिन वहाँ उन्हें शिक्षा मिली, सूचनाएँ मिलीं, पर उनका जीवन पीछे छूट गया, कहीं भीड़ में खो गया। उन्हें बड़ी–बड़ी डिग्री अवश्य मिली लेकिन उनके जीवन का अन्धकार, कुंठा, तनाव नहीं मिट सका। वर्षों से जिस सफलता की कुंजी खोजने के लिए वे भटकते रहे, उन्हें विभिन्न प्रकार की चाभी का गुच्छा तो मिला लेकिन उसे अपने भाग्य का ताला खोलने वाली चाभी नहीं मिली, फिर वह भटकने लगा। बेरोजगारों की पंक्ति में खड़ा हो गया। इतनी सारी डिग्री लेकर वह बेरोजगार बना रहा।

आज नई शिक्षा नीति की इसलिए आवश्यकता पड़ी है कि लोगों को जीने का तरीका सिखा दिया जाए। जिस जीवन को सुन्दर और सार्थक करने के लिए उसने वर्षों पढ़ाई की थी, आज उसके जीवन में केवल डिग्री मिली और उसे कुछ प्राप्त नहीं हुआ।

नई शिक्षा नीति मनुष्य को जीवन जीना सिखाने के लिए तत्पर है। बच्चों को कक्षाओं से बाहर निकालो, उन्हें स्वयं सीखने दो, उन्हें व्यवहार कुशल एवं क्रियात्मक बनने दो।

इसलिए नई शिक्षा नीति की आवश्यकता पड़ी। हमारी तैयारी यही हो कि हम बच्चों के जीवन में सम्पूर्ण शिक्षा को उतारें। उन्हें केवल शिक्षित नहीं दीक्षित बनाने का प्रयास करना है, ताकि प्रत्येक छात्र–छात्रा अपना जीवन स्वयं अपने ढंग से जी सके।

5. शिक्षा का अर्थ

दरअसल शिक्षा जीवन का महोत्सव है, कुंठाओं से मुक्ति का प्रयास है, प्रकाश की ओर यात्रा का संकल्प है, अन्तर्मन की चेतना का विस्फोट है। अचेतन मन पर जब विद्या का प्रकाश पड़ता है और उसमें विभिन्न प्रकार की स्फुरणा होने लगती है तो जीवन में विद्या का प्रकाश फैलने लगता है। मूल रूप से शिक्षा, अज्ञान और अविद्या को नष्ट करती है। जब मनुष्य अपनी साधना से अपने मन को जागृत करने का प्रयास करता है तो उसकी अन्तर्मन की यात्रा प्रारंभ हो जाती है, क्योंकि शिक्षा बहिर्गमन का द्वार नहीं खोलती व अंतर्गमन की यात्रा पर चलने की प्रेरणा देती है।

यहाँ शिक्षा और ज्ञान दो अलग–अलग शब्द हैं। शिक्षा बाहर से आती है, ज्ञान भीतर से निकलता है। शिक्षा, सूचना संग्रह का माध्यम है, ज्ञान आंतरिक चेतना का विस्फोट है। भ्रमवश हम शिक्षा को ज्ञान मान लेते हैं, जिस कारण हम अपनी शिक्षा यात्रा में ज्ञान का विस्मरण कर देते हैं, ज्ञान कहीं पीछे छूट जाता है और शिक्षा को ही ज्ञान मानने के कारण हमारे जीवन में प्रकाश नहीं आ पाता है। जीवन भर हम विभिन्न प्रकार की सूचनाओं का संग्रह करते जाते हैं और जीवन में शिक्षा के कारण जो श्रेष्ठता आनी चाहिए थी, वह नहीं आ पाती है। संभवतः यही कारण है कि 25 वर्षों तक शिक्षा की खोज में हम विश्वविद्यालयों में भटकते रहते हैं। ऊँची–ऊँची डिग्रियाँ प्राप्त कर जब विश्वविद्यालय के कैंपस से बाहर निकलते हैं तो हमारे पास एक कागज के टुकड़े के अतिरिक्त कुछ नहीं होता है, क्योंकि आज तक जिस शिक्षा को हम बटोरते रहे हैं, उसमें केवल सूचना होती है, उसमें ज्ञान नहीं होता, जीवन्तता नहीं होती।

फलस्वरूप उस निष्प्राण सूचना से हमारे जीवन में कोई फूल नहीं

खिलता क्योंकि हम विश्वविद्यालयों में इसलिए जाते हैं कि हम अपनी कुंठाओं का नाश कर अपने जीवन में आनंद के फूल खिला सकें, अपने जीवन को सार्थक बना सकें। हम अपने होने का बोध प्राप्त कर सकें, अपनी अस्मिता, अपने स्वाभिमान और अपने जीवन के महत्त्व को समझ सकें। हम इसलिए विश्वविद्यालयों में जाते हैं कि अपने जीवन की दिशा को पहचान सकें, हम यह जान सकें कि हमारा जन्म क्यों हुआ? हमारे जीवन का उद्देश्य क्या है? और इसे पहचान कर अपने जीवन को श्रेष्ठ बना सकें, अपने होने का बोध प्राप्त कर सकें। सामान्यतः लोग अज्ञान में जनमते हैं और अज्ञान में ही मर जाते हैं, लेकिन जो लोग अज्ञान के अंधकार को तोड़कर प्रकाश की यात्रा में निकल जाते हैं, वही लोग अपने जीवन को सार्थक बना पाते हैं। इसी सार्थकता से प्रयास करने का नाम शिक्षा है।

आज जिसे हम शिक्षित होना कहते हैं, उसका अर्थ केवल यह है कि इस व्यक्ति ने विभिन्न विषयों की सूचनाएँ एकत्र कर ली हैं, इसके भीतर अन्तर्मन में कोई प्रकाश फैला है, इसे निष्ठापूर्वक नहीं कहा जा सकता, क्योंकि किसी शिक्षित व्यक्ति के जीवन में अगर शिक्षा उतरी है तो निश्चय ही उसका आचरण, उसका चरित्र, उसका आहार–व्यवहार सब सुसंस्कृत होना चाहिए था। लेकिन ऐसा नहीं हो पाता। इसका एक ही कारण है कि इस व्यक्ति ने शिक्षा क्षेत्र में वर्षों तक यात्रा की, लेकिन जिस जीवन को पुष्पित, पल्लवित करने के लिए शिक्षा–यात्रा प्रारंभ की थी, उस यात्रा में जीवन कहीं पीछे छूट गया और वह सूचना लेकर अगली यात्रा पर निकल गया। इसीलिए यह आवश्यक है कि हम पहले शिक्षा–ज्ञान को समझ लें, क्योंकि शिक्षा बाहर से आती है, आरोपित होती है, सामान्य सूचना से अधिक नहीं होती और ज्ञान भीतर से निकलता है।

कहते हैं –

"तमसो मा ज्योतिर्गमय" हम प्रकाश की ओर चलें, यह जो प्रकाश की खोज है, मूलतः वही सही शिक्षा है।

6. नीयत, नीति और निष्ठा

नई शिक्षा को कारगर बनाने के लिए आवश्यक है कि वैसे शिक्षकों की नियुक्ति की जाए, जिनकी निष्ठा इस नीति को लागू करने की हो। जो लोग निष्ठापूर्वक इस नीति को बच्चों तक पहुँचाने के लिए इच्छुक हैं, उन्हीं लोगों को शिक्षक का दायित्व दिया जाए। आज तक शिक्षा में जो असफलता प्राप्त हुई है, उसका एक ही कारण है कि इस नीति को निष्ठापूर्वक लागू करने वाले लोग नहीं मिले। सभी लोगों ने शिक्षा के साथ व्यापार करना शुरू कर दिया। इसलिए नई शिक्षा नीति में पूरी तरह परिवर्तन करते हुए कहा गया कि अब नए सिरे से बच्चों को शिक्षा से जोड़ने का प्रयास किया जाए। अब तक शिक्षक वर्ग में जाते थे और भाषण देकर लौट जाते थे। अब निर्णय किया गया कि शिक्षक को पूरी तरह प्रत्येक छात्र से जुड़ना पड़ेगा। शिक्षक को प्रत्येक छात्र की प्रवृत्ति को समझकर पढ़ाना होगा। अब किसी भी छात्र को स्कूल की परम्परावादी शिक्षा से अलग हटकर अपनी–अपनी रुचि के अनुरूप विषयों के चुनाव की स्वतंत्रता होगी और जो पढ़ना चाहते हैं, वे पढ़ेंगे और जो खेल में, चित्रकारी, मूर्तिकारी एवं अन्य किसी विधा में प्रशिक्षित होना चाहते हों, वे ले सकते हैं। इसलिए शिक्षक को भी सभी विषयों में दक्ष होना पड़ेगा।

अब कोई कहेगा कि मैं विज्ञान का छात्र हूँ इसलिए इतिहास–भूगोल नहीं जानता। सब को सब विषय जानना पड़ेगा। इसलिए आवश्यक है कि शिक्षा नीति को लागू करने के पूर्व शिक्षकों को पूर्ण प्रशिक्षण दिया जाए। अगर नई शिक्षा को प्रत्येक छात्र तक पहुँचाना है तो सबसे पहले नए शिक्षक समूह को तैयार करना होगा। तभी हम सफल हो पाएँगे क्योंकि कोई भी व्यक्ति बैलगाड़ी पर चढ़कर चंद्रमा तक नहीं जा सकता।

इसलिए इस रोबोट और कंप्यूटर के युग में सबसे पहले वैसे शिक्षकों के समूह को तैयार करना होगा जो अंतरिक्ष की यात्रा पर चलने के लिए तैयार हो।

नई शिक्षा नीति में कहा गया है कि बच्चों को क्लास रूम से बाहर निकालो। इसका अर्थ है बच्चों को खुले वातावरण में, जंगलों में, मैदानों में, पहाड़ों पर, नदी–झरनों में बैठाकर प्रकृति के साहचर्य और उसकी गोद में बैठा कर शिक्षा दी जाए। उन्हें खेती के बारे में, विभिन्न उत्पादनों के बारे में, भोजन, कपड़ा और दैनिक उपयोग की वस्तुओं के बारे में पूरी जानकारी दी जाए। जो कपड़ा वे पहनते हैं, जो भोजन करते हैं, जिस समाज में रहते हैं, वहाँ के प्रत्येक समूह के बारे में बताया जाए। अपने माता–पिता एवं परिवार से जोड़ने का प्रयास किया जाए। उन्हें स्पष्ट रूप से बताया जाए कि उनकी परवरिश में उनके माता–पिता ने कितना परिश्रम किया, जिससे वे अपने माता–पिता के प्रति श्रद्धावान बन सकें। आज नई पीढ़ी के जो बच्चे अपने माता–पिता एवं परिवार से टूट रहे हैं, वे इसलिए कि उन्हें माता–पिता के त्याग, तपस्या और कुर्बानी का बोध किसी ने नहीं कराया। जिस माँ की गोद में उसका बचपन बीता, जिसने रात भर जगकर बच्चों की सेवा की, अपना पेट काटकर बच्चों की परवरिश की, उसका बोध स्कूल अथवा कॉलेजों में छात्रों को नहीं कराया गया।

फलतः माता–पिता के त्याग और तपस्या की जानकारी उन्हें नहीं मिल सकी, क्योंकि उन्हें अंग्रेजों की तरह रहना सिखाया गया। माता–पिता के त्याग का परिचय भी उन्हें नहीं कराया गया। जिस कारण बच्चे जब पढ़–लिख कर बड़े हुए तो माता–पिता को परिवार का बोझ बनकर अनाथालय में जाना पड़ा। अगर शुरू से उन्हें ऐसी शिक्षा दी जाती, जिसमें माँ का पैर छूना, उसकी सेवा करना, संतान का धर्म बताया गया होता तो उन्हें अनाथालय नहीं जाना पड़ता।

कोई व्यक्ति बिना माता–पिता के त्याग और तपस्या से जीवन में सफल नहीं हो सका। आज वह बड़ा अधिकारी बना है तो उसमें उसकी माँ और पिता का त्याग एवं तपस्या है। आज मनुष्य जो भी है बचपन में वैसा नहीं था, उसी माता और पिता ने अपने कंधों पर बैठा कर

उसे बड़ा बनाया। दुर्भाग्य से जब वह स्कूल और कॉलेज भी गया तो विदेशी शिक्षा नीति ने उसे देवी–देवताओं, माता–पिता एवं गुरुजनों को अपमानित करना सिखा दिया। आज हजारों ऊँचे पदाधिकारी ऐसे हैं, जिनके माता–पिता अनाथालय में रहते हैं।

अब प्रश्न उठता है कि अगर यही पढ़ाई है तो किस प्रलोभन में कोई माता अपने बच्चों को पढ़ाए। कोई व्यक्ति किसलिए अपने बच्चों की पढ़ाई के लिए जमीन बेचेगा, प्रोविडेंट फंड का पैसा लगाएगा, किसी से कर्ज लेगा, आज तक इसलिए वे लोग जमीन बेचते थे या कर्ज लेते थे कि बेटा जब बड़ा होगा तो वह पूरी संपत्ति वापस ले आएगा और बुढ़ापे में माता–पिता की सेवा करते हुए उन्हें आनंदपूर्वक जीने का मौका देगा। अगर उसे पहले ही यह बोध कराया जाता कि जिस बच्चे के लिए वह जमीन बेच रहा है, कर्ज ले रहा है, अगर वही एक दिन उसे अनाथालय भेज दे तो कोई भी माता–पिता अपने बच्चों के लिए त्याग नहीं करेगा।

विचार करने की बात यह है कि जिस देश के बच्चे माँ के पैर के नीचे स्वर्ग देखते रहे, उस बच्चे में माता–पिता के प्रति इतनी घृणा क्यों भर दी गई। इसका एक ही कारण है विदेशी सभ्यता और विदेशी शिक्षा का दुष्प्रभाव। इसलिए नई शिक्षा नीति में भारत की संस्कृति और संस्कार की पृष्ठभूमि में छात्रों तक पहुँचने वाले कर्तव्यनिष्ठ शिक्षकों की आवश्यकता है। क्योंकि एक शिक्षक बच्चों के भविष्य का निर्माता है। जिस दिन यह बोध शिक्षकों को हो जाएगा, उसी दिन नई शिक्षा नीति भारत की मूल भावना को बच्चों में उतार पाएगी।

7. शिक्षा क्यों आवश्यक है

जब अज्ञान, अविद्या और अहंकार मनुष्य के जीवन में पशुता भर दे, मनुष्य स्वयं भूल जाए कि वह मनुष्य है, उसका कार्य, विचार और आचरण पशुवत बन जाए, तभी शिक्षा की आवश्यकता होती है। जब समाज से नैतिकता नष्ट हो जाए, मर्यादाओं की सारी सीमाएँ ध्वस्त हो जाएँ, परिवार से शूचिता नष्ट हो जाए, आपस के संबंधों की पवित्रता नष्ट हो जाए तब शिक्षा की आवश्यकता होती है। मनुष्य जब भूल जाए कि उसे अपने जीवन को सार्थक और श्रेष्ठ बनाना है, इस जीवन को अज्ञान से मुक्त कर स्वयं को शिखर पर स्थापित करना है, तब शिक्षा की आवश्यकता होती है। मनुष्य का जीवन जब उद्देश्यहीन बन जाए, उसका विवेक नष्ट हो जाए, वह अपने होने का अर्थ भूल जाए तभी शिक्षा की आवश्यकता होती है।

स्वामी विवेकानंद कहते हैं– सुषुप्त अवस्था से जगने का नाम ही शिक्षा है, इसलिए उठो, जागो और बोधत्व को प्राप्त करो। जब मनुष्य के जीवन का बोधत्व नष्ट होने लगे तो उसी को बचाने के लिए शिक्षा की आवश्यकता होती है। शिक्षा के नाम पर अब तक मनुष्य ने समाज में काफी सूचनाएँ एकत्र कर रखी हैं। लेकिन इन सूचनाओं से मनुष्य बोधत्व को प्राप्त नहीं कर पा रहा है। फलतः आज के युग में संग्रह की गई बड़ी–बड़ी डिग्रियों का बाजार भाव दो पैसे से अधिक का नहीं है। इसलिए हम समाज में नैतिकता, चरित्र, वैचारिक क्रांति, चिंतनशीलता, स्वाभिमान अन्तर्बोध पैदा करें तभी शिक्षा की आवश्यकता है। आज लोगों के पास डिग्री के नाम पर सूचनाएँ काफी एकत्र हो चुकी हैं लेकिन इन निष्प्राण सूचनाओं से जीवन में रस पैदा नहीं हो पा रहा है। इसलिए शिक्षा जीवन से पूरी तरह टूट चुकी है। जीवन को सार्थक, आकर्षक और उद्देश्यपूर्ण बनाने के संकल्प का नाम ही शिक्षा है।

8. जीवन से शिक्षा क्यों टूट गई

दरअसल शिक्षा का मूल उद्देश्य जीवन को लालित्यपूर्ण बनाना है। जीवन सुगंधित हो सके, जीवन में आनंद भर सके, इसी उद्देश्य की प्राप्ति के लिए मनुष्य साधना करता है। साधना का अर्थ है तप, स्वयं को तपाना। तपाने से विकृतियों का नाश होता है। जैसे किसी वस्तु को अगर आग में तपाया जाता है तो उसका विकार नष्ट हो जाता है, ठीक उसी तरह जब छात्र शिक्षा प्राप्त करने के लिए निकलता है तो पहले उसे अपनी विकृतियों का नाश करना पड़ता है। जब वह सुपात्र बन जाता है तभी उसमें शिक्षा उतर पाती है। अगर पात्र गंदा है तो कोई भी वस्तु उसमें रखी जाए तो वह भी गंदी हो जाती है। इसलिए शिक्षा प्राप्त करने के पहले छात्रों को स्वयं अपना मन, विचार और चरित्र स्वस्थ और सुंदर बनाना पड़ता है।

आज शिक्षा हमारे जीवन से इसलिए टूट रही है, हमारे जीवन में उतर नहीं रही है, उसका एक ही कारण है कि हम शिक्षा को स्वीकार करने के लिए तैयार नहीं हैं। मनोवैज्ञानिक मानते हैं कि शिक्षा या कोई विचार मनुष्य के अन्तर्मन तक तभी उतर पाता है, जब उसका मन उसे स्वीकार करने के लिए तैयार हो पाता है। जैसे कोई व्यक्ति आपको कुछ दे रहा हो और आपने हाथ को उल्टा कर रखा है तो वह वस्तु आपके हाथ पर रुक नहीं सकती अथवा आप किसी के पास जाते हैं और कहते हैं मुझे आधा किलो दूध चाहिए वह व्यक्ति आधा किलो दूध आपको देना चाहता है लेकिन आपके हाथ में एक चम्मच है, अब आप दूध कैसे लेंगे? उसके लिए तो पहले पात्र को बड़ा करना पड़ेगा। अगर कोई छात्र शिक्षा प्राप्त करना चाहता है तो पहले उसे अपने पात्र को बड़ा करना पड़ेगा। दूसरी बात है कि जब हम किसी की बात सुनते हैं, कोई हमें कुछ कहता है तो उसकी बात हम तभी समझ पाते हैं, जब हमारा Receptive Cell उसे स्वीकारता है इसलिए जब कभी कोई किसी को कुछ कहता है तो कहने वाला यही कहता है" सावधानी पूर्वक सुनो"।

Attention Please मतलब आप अपने Receptive Cells को खोल कर रखें। जब कभी बिना Receptive Cell खुले हम कोई बात सुनते हैं तो वह बात हम समझ नहीं पाते हैं। जब बच्चे कक्षा में बैठे रहते हैं और

शिक्षक पढ़ाते रहते हैं, उस समय भी बहुत बच्चे इधर–उधर देखते रहते हैं, जिस कारण वे विषय को समझ नहीं पाते हैं। इसका सीधा अर्थ है जब बच्चे विषय को समझने के लिए तैयार होते हैं, तभी वे समझ पाते हैं।

आज हमारे बच्चे शिक्षा से इसलिए नहीं जुड़ पा रहे हैं कि जो भी शिक्षा उन्हें दी जा रही है, उसमें बच्चों के लिए कोई आकर्षण नहीं होता। बच्चों को शिक्षा में कोई रस, कोई अपनत्व, कोई जीवंतता नहीं दिखती। सूखी हुई नीरस शिक्षा बच्चों को आकर्षित नहीं कर पाती।

दरअसल बच्चे शिक्षा इसलिए प्राप्त करना चाहते हैं कि उन्हें अपने जीवन को सफल बनाने में सुविधा हो। वे शिक्षा के माध्यम से अपने जीवन को सरस और आनंदपूर्ण बनाना चाहते हैं, इसलिए प्रत्येक बच्चा शुरू में पढ़ने के लिए उत्सुक रहता है, वह जीवन के संसार को जानना चाहता है, इसीलिए वह अपनी माँ से चंद्रमा को देखकर पूछता है "माँ वह क्या है?" माँ कहती है तुम्हारा चंदामामा है। फिर उसी तरह संसार की वस्तुओं को देखकर वह अनेक प्रश्न पूछता है। वह सब कुछ जानना चाहता है लेकिन जब उसे बताने वाला कोई नहीं मिलता तो शिक्षा छोड़कर भागने लगता है। शायद इसी अनुमान पर कहा गया था कि जब 100 बच्चे स्कूल में पढ़ने जाते हैं तो उनमें से लगभग 90 बच्चे स्कूल छोड़ कर भाग जाते हैं। इसका एक ही कारण है कि जिस आकर्षण, जीवंतता के लिए वे स्कूल गए थे, वहाँ उन्हें कुछ नहीं मिला क्योंकि आज के स्कूलों में वैसा आकर्षण है ही नहीं। स्कूलों के शिक्षक भी उदास, हताश, निराश और स्वयं जीवन से टूट चुके हों तो वे किसी बच्चे को अपनी ओर आकर्षित कैसे कर सकते हैं? जो शिक्षक स्वयं तनावग्रस्त हो, अपने जीवन से हताश हो, जो स्वयं बुझा हुआ हो, जो स्वयं मृतप्राय हो गया हो, वह बच्चों में जीवन का बीज कैसे अंकुरित कर सकता है। शिक्षक तो वह है, जो बच्चों के जीवन में भविष्य का अंकुर पैदा कर सके। जो बच्चों के जीवन में आनंद का फूल खिला सके, आशा का दीप जला सके।

इसी कारण छोटे बच्चों के स्कूलों में महिला (शिक्षिकाओं) की नियुक्ति होती है क्योंकि लड़कियाँ बच्चों के साथ खेल सकती हैं, नाच सकती हैं, कहानी सुना सकती हैं। आज पूरी दुनिया में प्राइमरी स्कूलों में केवल लड़कियों की नियुक्ति होती है क्योंकि वे बच्चों की बहन और दीदी बनकर बच्चों के साथ खेल सकती हैं। इसलिए अमेरिका में Education by Play and Education by Story खेल–खेल में शिक्षा और कहानियों द्वारा शिक्षा पद्धति प्रचलित है। हमारे देश में उसका अभाव है। हमारे यहाँ शिक्षक जब कक्षा में प्रवेश करते हैं तो उनके कपड़े कब के पुराने होते हैं, दाढ़ी बढ़ी रहती है, बाल बिखरा होता है, आँखों पर हाई पावर लेंस रहता है और हाथ में छड़ी। हम आसानी से अनुमान लगा सकते हैं कि क्या ऐसे लोग

बच्चों को शिक्षा से जोड़ सकते हैं।

मनोविज्ञान कहता है कि शिक्षक के लिए चार महत्त्वपूर्ण स्वरूप होते हैं–

1. शिक्षक का व्यक्तित्व सुंदर और आकर्षक हो
2. उसके कपड़े सुंदर हों
3. शिक्षक की भाषा कोमल और लालित्यपूर्ण हो
4. उसे विषय का ज्ञान हो और विषयों को आकर्षक ढंग से पढ़ा सकता हो

बच्चों के प्रति उसके हृदय में स्नेह और प्रेम हो और वह बच्चों के बीच लोकप्रिय हो। वह बच्चों को केवल किताब नहीं पढ़ाता हो, उसे जीवन जीना भी सिखाता हो। वही शिक्षक बच्चों में लोकप्रिय बन पाता है जो जीवन में उपयोग आने वाली वस्तुओं को समझाता है और अधिक से अधिक कक्षाओं से बाहर उसे ले जाकर खेलाता हो। सच पूछा जाए तो आज किसी भी स्कूल में ऐसा वातावरण देखने को भी नहीं मिलता। स्कूल का अर्थ हो गया है उजाड़ स्थान। ना वहाँ खेल की सुविधा है, न बच्चों के मनोरंजन की कोई व्यवस्था है। स्कूल है, वहाँ भवन है, डेस्क–बेंच है, शिक्षकनुमा कुछ लोग टहलते दिख रहे हैं लेकिन कहीं कोई जीवन, सरसता, आकर्षण नहीं है, जिस कारण शिक्षा से बच्चे जुड़ नहीं पा रहे हैं।

शिक्षा से छात्रों को टूटने का एक यह भी कारण है कि बच्चों का जो सिलेबस है वह वस्तुनिष्ठ है। उसमें विभिन्न प्रकार की सूचनाओं का संग्रह है। उन पाठ्यक्रमों में बच्चों को अपना जीवन नहीं मिलता है। उस सिलेबस में केवल सूखी हुई सूचनाएँ रहती हैं। हमारा पूरा सिलेबस इतना दोषपूर्ण है कि उसमें सीखने जैसा, जीवन में उतारने जैसा कुछ नहीं है। कभी–कभी तो उनमें जो सूचनाएँ हैं, इतनी पुरानी हैं कि आज उसकी कोई उपयोगिता नहीं रह गई है। हमारा पूरा सिलेबस अतीत के खंडहरों के सिवा कुछ नहीं है तो बच्चे तो आकर्षक भविष्य की ओर छलांग लगाना चाह रहे हैं तो हमारी छलांग आकाश की ओर होनी चाहिए लेकिन हम अतीत के खंडहरों में अपना भविष्य खोज रहे हैं। हम उल्टे पाँव दौड़कर भविष्य की ओर दौड़ना चाहते हैं। बच्चों के पाँव में छलांग लगाने की शक्ति है लेकिन हमने उनके पाँव अपनी अज्ञानता और अतीत–प्रेम की सीकड़ से बांध रखा है। हम चंद्रमा पर जाना चाहते हैं लेकिन पृथ्वी से अपना पाँव हटाना नहीं चाहते। हम आज भी चाहते हैं कि बैलगाड़ी से चंद्रमा तक पहुँच जाएँ। इसी कारण हमारे बच्चे शिक्षा से जुड़ नहीं पा रहे हैं बल्कि स्कूलों से भाग रहे हैं। इसका प्रमाण हमें सरकारी विद्यालयों और निजी विद्यालयों के बच्चों को देखकर मिल जाता है। आखिर क्या कारण है कि बच्चे सरकारी विद्यालयों की निःशुल्क पढ़ाई को छोड़कर निजी विद्यालयों में पढ़ना अधिक पसंद करते हैं।

9. शिक्षा में सांस्कृतिक पृष्ठभूमि का अभाव

हमारी शिक्षा में सबसे बड़ी कमी यह है कि हम बाहर की संस्कृति, संस्कार और विचारों को पूरी तरह उतार रहे हैं। बाहर की विकासवादी संस्कृति को जानना–समझना बुरी बात नहीं है लेकिन भारत की भूमि में उसे उतारना यहाँ के प्रकृति के विपरीत है। भारत में हमारी शिक्षा संस्कार से शुरू होती है। "मातृ देवो भव", "पितृ देवो भव", "गुरु देवो भव" से प्रारंभ होती है और बाहर की शिक्षा पशु, पक्षियों के संबोधन से शुरू होती है। प्रत्येक देश का अपना संस्कार होता है। भारत में माता–पिता और गुरु के निकट बैठकर गायत्री मंत्र के पाठ के साथ शिक्षा प्रारंभ होती है, क्योंकि भारत एक आध्यात्मिक देश है और विदेश व्यावसायिक देश है। वहाँ पदार्थ की पूजा होती है इसीलिए बाहर की संस्कृति हमारे मन में विकृति पैदा करती है। सुकृति पैदा नहीं कर पाती।

एक और महत्त्वपूर्ण बात यह है कि बाहर की पदार्थवादी शिक्षा केवल सूचना एकत्र कर सकती है। उस शिक्षा से जीवन में कोई स्पंदन पैदा नहीं हो पाता। जीवन नीरस बन जाता है। आज उसी शिक्षा के कारण हमारे बच्चे जीवन से उदास और हताश होते जा रहे हैं। वे स्कूलों में जाकर नाचना चाहते हैं, खेलना चाहते हैं, गीत गाना चाहते हैं लेकिन वहाँ उन्हें केवल सूचना याद करने को कहा जाता है। बच्चों के स्कूलों से टूटने का यही प्रधान कारण है।

एक और महत्त्वपूर्ण बात है कि इस आध्यात्मिक देश में शिक्षा को सांस्कृतिक पृष्ठभूमि में आकर्षक कलेवर में सजा–सँवार कर खड़ा करने की आवश्यकता है। भारत के बच्चे जब शिखर यात्रा पर निकलते हैं तो उनकी पृष्ठभूमि आध्यात्मिक होनी चाहिए।

कहते हैं–

"You cannot get the highest success in your life without spiritual inspiration" आध्यात्मिक पृष्ठभूमि के बिना मनुष्य जीवन में सफल नहीं हो पाता। उसे सूचना तो मिल जाती है लेकिन ज्ञान नहीं मिलता। उसका अंतर्मन जागृत नहीं हो पाता। जब उसके जीवन में कोई रस प्राप्त नहीं होता तो वह शिक्षा से पूरी तरह टूटकर भाग खड़ा होता है। इसलिए स्वामी विवेकानंद कहते हैं "तुम उठो, जागो और श्रेष्ठता की ओर बढ़ो" अपनी तंद्रा की ओर बढ़ो, जीवन में जो अंधपरंपरा है, विकृति है उसे तोड़कर आगे बढ़ो और अपने चरित्र, आचरण और विचारों को पवित्र बनाओ, नैतिक बनो और अपने जीवन में आकर्षण पैदा करो।

सर्वपल्ली डॉ. राधाकृष्णन ने कहा था– No doubt you people have learnt how to fly in sky like a bird and how to swim in the water like fish, But you people have yet not learnt how to move on the earth that you have to learn from India. दरअसल शिक्षा बच्चों के जीवन से दूर इसलिए हट गई है कि भारत में लोग सरस्वती पूजा करते थे और माता सरस्वती को विद्या की देवी मानते थे और उसी देवी की आकृति को अपनी माँ में स्थापित करके माता–पिता के पैर छूकर विद्या प्रारंभ करते थे। आज की शिक्षा ने उस विधि–विधान और नैतिकता को पूरी तरह छोड़ दिया है। फलस्वरूप उनके जीवन से शिक्षा का आकर्षण नष्ट हो गया।

10. शिक्षा को जीवन से जोड़ने की आवश्यकता है

आज पूरी दुनिया के लोग इस बात से चिंतित हैं कि बच्चों के जीवन में शिक्षा उतर क्यों नहीं रही है। मुझे स्मरण है कि विश्व के शिक्षाविदों का एक सम्मेलन UNESCO की ओर से साउथ अफ्रीका के डरबन में आयोजित किया गया था। उसमें मैं भी आमंत्रित था। मैंने देखा कि पूरी दुनिया के लोग केवल एक ही चिंता में पड़े हैं कि शिक्षा को जीवन से कैसे जोड़ा जाए। सर्वमत से यही निर्णय किया गया कि शिक्षा में मानवीय संवेदना को, प्रेम, आकर्षण और अपनत्व को शामिल किया जाए, क्योंकि आज शिक्षा हृदयहीन हो चुकी है। उसमें कोई स्पंदन, स्फुरणा, चहक नहीं रही। बच्चे उसी प्रेम और अपनत्व को पाने के लिए स्कूलों में लपकते हुए जाते हैं लेकिन वहाँ क्लास टीचर के रूप में एक चश्माधारी व्यक्ति हाथ में छड़ी लिए दिखता है। बच्चे देखते ही सहम कर सिकुड़ जाते हैं। जबकि आज शिक्षकों के हाथ में छड़ी नहीं गुलाब का फूल होना चाहिए। एक तो पूरी शिक्षा व्यवस्था हृदयहीन बन चुकी है, दूसरा जो बच्चे माता–पिता और गुरुजनों के चरण छूकर अपनी शिक्षा यात्रा प्रारंभ करते थे उन्हें Hi, Hello और Good Morning सिखाया जा रहा है। जो बच्चे घरों में दूध रोटी खाते थे, चूड़ा–दही खाते थे, उन्हें टाई बांधकर ब्रेड खाने को कहा जा रहा है।

11. पढ़ाने का तरीका बदलें

प्रत्येक युग में शिक्षा देने की विधि बदल जाती है। प्राचीन काल में गुरु–आश्रमों के छात्र वहाँ शांत भाव से मनोयोग पूर्वक बैठते थे और गुरु वेद, पुराण, उपनिषदों द्वारा निर्धारित शिक्षा बच्चों को उपदेशात्मक शैली में देते थे। वहाँ गुरु केवल वक्ता होता था और छात्र श्रोता। इसका कारण यह था कि गुरु जो कहना चाहता था वह कह देता था, इसलिए उस विधि को "श्रुति" कहते थे। इस विधि में प्रश्न पूछने की स्वतंत्रता नहीं होती थी क्योंकि गुरु के पास भी रेडीमेड उत्तर होता था, जिसे शिष्य सीधे धारण कर लेता था। इस विधि को Active Process of Education और Passive Process of Education कहा जाता है। जब गुरु बोलते थे, छात्र सुनता था यह Active Process था और जब गुरु से छात्र प्रश्न पूछे और उत्तर दें तो उसे Passive Process of Education कहते हैं। इसलिए गुरु आश्रम में पहले Active Process of Education चलता था।

अब समय बदल गया है। अब समय की मांग है कि बच्चे प्रश्न उठाएँ और गुरु उत्तर दें। आज Passive Process of Education की मांग हो गई है। आज पूरी दुनिया के शिक्षाविद इस बात पर सहमत हैं कि क्लास में बच्चे शिक्षक से प्रश्न पूछें और शिक्षक जवाब दें। इस विधि के पालन से सबसे बड़ा लाभ यह है कि बच्चे पढ़ाई से पूरी तरह जुड़ पाते हैं, क्योंकि प्रश्न वे तभी पूछ सकते हैं, जब उस विषय में उनकी रुचि हो। इसलिए यह विधि कारगर हो रही है।

दरअसल, आज की पढ़ाई पूरी तरह मनोविज्ञान बन गई है। अब तक शिक्षक क्लास में जाते थे और शुरू हो जाते थे। उन्हें इस बात की फिक्र नहीं होती थी कि बच्चे किस हालत में हैं? वे क्या पढ़ना चाहते

हैं, वे पढ़ना चाहते हैं या खेलना चाहते हैं। हिंदी पढ़ना चाहते हैं या गणित पढ़ना चाहते हैं। इस बात से शिक्षक को कोई मतलब नहीं होता था। फलतः मनोवैज्ञानिकों को कहना पड़ा कि क्लास में बच्चे पढ़ाई का केवल 30 प्रतिशत ही समझ पाते हैं। बाकी पढ़ाई हवा में उड़ जाती है। जबकि 10 प्रतिशत से 5 प्रतिशत ही Teaching Loss होना चाहिए था। इसीलिए शिक्षण विधि को बदलने की आवश्यकता है। तभी कहा जाता है कि बच्चों के मन में जिज्ञासा पैदा कर दो। उसके मन में "क्यों" Why, How पैदा कर दो। बच्चे स्वयं इसका उत्तर खोज लेंगे। आज बच्चों के मन में Why, क्यों और कैसे मर चुका है। जब भी उनके मन में Why और How आता है तो शिक्षक उसे डाँट कर चुप करा देते हैं। और घरों में माता–पिता उसके प्रश्नों से बचने लगते हैं। अगर बच्चा पूछता है कि टी.वी. में चित्र कैसे आता है, मोबाइल से बातचीत कैसे होती है तो इसका उत्तर न शिक्षक को पता होता है और ना माता–पिता को पता होता है। बच्चों को डाँटकर चुप करा दिया जाता है। इससे बच्चों के मन की जिज्ञासा मर जाती है। आज जो शिक्षा की स्थिति बिगड़ी है, उसका एक ही कारण है कि बच्चों को प्रश्न उठाने से रोका गया। क्योंकि बच्चे हजार प्रकार के प्रश्न पूछते हैं और उधर से शिक्षकों को इन प्रश्नों का उत्तर देना चाहिए। लेकिन परंपरावादी शिक्षक ऐसा नहीं करते इसीलिए आज नई शिक्षा नीति और नई विधि (Methods) की आवश्यकता पड़ गई है। शिक्षक को अपनी मनोवृति और पढ़ाने का तरीका बदलना पड़ेगा क्योंकि आज के इंटरनेट के युग में परंपरावादी शिक्षा नहीं चल पाएगी।

आज पूरे देश में राष्ट्रीय शिक्षा नीति की बात चल रही है। इसलिए कि अब शिक्षाविद समझने लगे हैं कि शिक्षा क्षेत्र में पूरी तरह बदलाव की आवश्यकता है। इस इंटरनेट के युग में जहाँ गूगल में सारी सूचनाएँ एकत्र हैं, फिर उसी सूचना को क्लास में बैठकर संग्रह करना बच्चों को अच्छा नहीं लगता। जो सूचना स्कूलों में दी जा रही है, वह सारी सूचना घर में गूगल से मिल जाती है। फिर स्कूल आने की क्या आवश्यकता है? इसीलिए नई शिक्षा नीति की आवश्यकता पड़ी है कि शिक्षा को नए ढंग से बच्चों तक पहुँचाया जाए।

बच्चों को अपने शरीर, माता–पिता, परिवार और संसार के बारे में

जानने की उत्कंठा होती है। जब स्कूलों के सिलेबस में बच्चों को जानने योग्य बातें नहीं मिलती तो वे निराश हो जाते हैं। इसलिए आज ऐसी शिक्षण विधि, (Teaching Methods) की आवश्यकता है, जो बच्चों की जिज्ञासा को शांत कर सके। इसीलिए कहा जाता है कि ऐसी विधि की खोज की जाए जिस विधि से बच्चे अपने बारे में भी जान सकें, वह कौन है? उसका जन्म कैसे हुआ? उसके जन्म का उद्देश्य क्या है? उसके शरीर में जो परिवर्तन हो रहा है, उसका क्या कारण है? वर्षा कैसे होती है? चंद्रमा गिरता क्यों नहीं है? महिलाओं को मूछें क्यों नहीं होती हैं? भोजन कैसे पचता है? रात–दिन और ऋतु परिवर्तन के क्या कारण हैं? ऐसे प्रश्नों का उत्तर वे खोजते हैं। लेकिन जब क्लास में उन्हें सूचना दी जाने लगती है तो बच्चे समझ जाते हैं कि इस बकवास से कुछ नहीं मिलने वाला।

इसी पर एक आलोचक ने कहा था–

You need only to know your self Rest can be googled.

शिक्षा का मूल उद्देश्य है स्वयं को जानना, प्रकृति के रहस्यों को जानना। बच्चे ऐसी विद्या चाहते हैं, जिसे जान लेने पर उन्हें बहुत कुछ की जानकारी हो जाए। लेकिन आजकल तो बच्चे केवल एक विषय जानते हैं। संपूर्ण चीजें नहीं जानते।

कहते हैं–

जेहिं जानत तेहि देत जनाई,
जानत तिन्हीं, तिन्हीं होई जाई।

विद्या का अर्थ है उस विद्या को जान लेना, जिसको जान लेने पर सब कुछ का ज्ञान हो जाता है। आज किसी छात्र से पूछा जाए कि तुम क्या पढ़ते हो? तो वह कहेगा मैं गणित पढ़ता हूँ, साइंस पढ़ता हूँ आदि जबकि उसको कहना चाहिए कि मैं विद्या पढ़ता हूँ। मतलब विद्या के पढ़ने से सबकुछ का ज्ञान हो जाता है इसलिए पढ़ाने की विधि को बदलने की आवश्यकता है।

12. समर्पित शिक्षक ही बच्चों को पढ़ाएँ

शिक्षा पढ़ने से नहीं आती, धारण करने से आती है। पढ़ना अलग चीज है, समझना अलग चीज है। पढ़ने के लिए तो हम अखबार भी पढ़ लेते हैं लेकिन हम उसे समझते कितना हैं। आज जो शिक्षा की विफलता है, उसका एक ही कारण है कि हम केवल सुनते हैं, पढ़ते हैं लेकिन उन्हें धारण नहीं करते। इसलिए आपने कितना पढ़ा है यह महत्त्वपूर्ण नहीं है, महत्त्वपूर्ण है, आपने कितना समझा। भोजन करना महत्त्वपूर्ण नहीं है। महत्त्वपूर्ण है भोजन को पचाना, भोजन के रस से शरीर का पोषण करना। जैसे–तैसे कुछ खा कर पेट भरा जा सकता है, लेकिन उससे स्वास्थ्य–सुरक्षा नहीं हो सकती। ठीक उसी प्रकार पढ़ने वाले तो बहुत कुछ पढ़ लेते हैं लेकिन समझ नहीं पाते।

हमारे देश में जो भी लोग शिक्षा में हैं, वे कभी भी संपूर्ण रूप से शिक्षा में नहीं होते। छात्र आधे मन से पढ़ाई करता है, शिक्षक आधे मन से पढ़ाता है। इनमें से किसी के पास संपूर्णतः समर्पण नहीं होता। फलस्वरूप उन्हें डिग्री तो मिल जाती है लेकिन उनके जीवन में शिक्षा की जो समरसता है, शिक्षा का जो आंतरिक प्रकाश है, वह नहीं हो पाता। शिक्षा प्राप्त करना एक यज्ञ के समान है। जिस प्रकार यज्ञ में अग्नि जलाते हैं, उसमें समिधा रखकर जलाते हैं। यज्ञकर्ता अपनी समस्त कामनाओं को अग्नि में भस्म कर देता है और यज्ञ से जो हविष निकलता है उससे अपने जीवन को वह संभालता है, फल प्राप्त करता है। ठीक उसी प्रकार शिक्षा वही प्राप्त कर पाता है जो संपूर्ण रूप से शिक्षा को धारण कर पाता है। इसके लिए पहले उसे स्वयं को समर्पित करना पड़ता है। क्योंकि जब तक साधक स्वयं का समर्पण नहीं करता, तब तक वह शिक्षा के निकट नहीं पहुँच पाता।

भगवान श्रीकृष्ण ने गीता में कहा है–

तद्विद्धि प्रणिपातेन, परिप्रश्नेन सेवया।

अर्थात शिक्षा प्राप्त करने वाले को पत्ते की तरह गुरु चरणों में गिरकर अपने संपूर्ण अहंकार का विसर्जन कर गुरु से प्रश्न पूछना चाहिए और शिक्षा प्राप्त करनी चाहिए। यहाँ श्रीकृष्ण कहते हैं, शिक्षक वही हो सकता है जो स्वयं को विसर्जित करना जानता है। शिक्षक का कार्य कोई पार्ट टाइम जॉब नहीं है और न यह कोई व्यापार है। शिक्षक वही बन सकता है जो स्वयं प्रकाशित हो, जिसने जीवन की विधियों को जान लिया है, जिसने स्वयं जीना सीख लिया है, वही दूसरों को जीना सिखा सकता है। इसलिए शिक्षक बनने के पहले उसकी पूरी तैयारी होती है। वह शिक्षा के विभिन्न स्वरूपों को जान लिया होता है। संसार में जो कुछ भी घटित होता है, उसकी विधिवत जानकारी उसे हो जाती है। किसी एक विषय की जानकारी लेकर कोई शिक्षक नहीं बन सकता। आजकल लोग गणित के शिक्षक बनते हैं। हिंदी और अंग्रेजी के शिक्षक बनते हैं। ऐसे एकांगी ज्ञान प्राप्त करने वाले शिक्षक नहीं बनते। हाँ, एक विषय जानकर किसी विषय का विशेषज्ञ हो सकता है, लेकिन केवल गणित जानकर कोई कहे–मैं शिक्षा देने के योग्य हूँ, यह उचित नहीं है। क्योंकि एक विषय जानना आपका व्यक्तिगत गुण है, लेकिन जब कभी आप शिक्षक बनते हैं तो एक विषय जानने वाले अपूर्ण शिक्षक माने जाते हैं क्योंकि कहा जाता है– "Teachers are considered to be allrounder."

प्राचीन काल में हमारे आश्रमों में जो गुरु होते थे वे ज्ञान, विज्ञान, पाकशास्त्र, घुड़सवारी, अस्त्र–शस्त्र, ज्ञान, योग, ध्यान सब कुछ जानते थे। इसलिए आश्रम के छात्र किसी भी विषय का सम्पूर्ण ज्ञान प्राप्त करते थे। गुरु वशिष्ठ अपने आश्रम में भिन्न–भिन्न विषयों के शिक्षक नहीं रखते थे। वे स्वयं अपने शिष्यों को संपूर्ण शिक्षा देते थे और सबसे महत्त्वपूर्ण बात यह है कि वे अपने छात्रों को किसी भी परिस्थिति से लड़ने की शिक्षा भी देते थे। श्रीराम ने वशिष्ठ से ज्ञान–विज्ञान, शास्त्र तो सीखा ही जंगल में संकटों से जुझने का प्रशिक्षण भी प्राप्त किया। अगर राम ने केवल विषय पढ़ा होता और आज के गुरु जी ने उन्हें पढ़ाया होता तो राम कब के जंगल से भाग आये होते या बुरी तरह टूट गए

होते, लेकिन राम को गुरु ने सब कुछ सिखा दिया था। आज वैसे ही गुरु की आवश्यकता है, जो पहले स्वयं शिक्षा में समर्पित होकर छात्रों को पढ़ाने का प्रयास करे।

आज बड़ी तेजी से समय बदल रहा है। शिक्षा में प्रतिदिन परिवर्तन हो रहा है। नई खोज हो रही है। आज वही शिक्षक बाजार में खड़ा हो सकता है जिसने स्वयं को इन परिवर्तनों से परिचित बना लिया हो, जो नए परिवेश के अनुरूप स्वयं को ढालते रहने में समर्थ हो पाता हो। इसलिए आज छात्रों से अधिक शिक्षकों को प्रशिक्षित करने की आवश्यकता है। इसीलिए रिफ्रेशर कोर्स से शिक्षकों को परिचित कराना पड़ता है। अब वह समय नहीं रहा कि कोई व्यक्ति 2010 में एम.ए. पास किया हो और 2020 में पढ़ाने लगे, क्योंकि पाठ्यक्रम प्रतिदिन बदल रहा है तो शिक्षक को भी बदलते रहना पड़ेगा। आज इंटरनेट के युग में केवल ब्लैकबोर्ड पर पढ़ाकर बच्चों को समझाना संभव नहीं है। आज जो पढ़ाई चल रही है, वह सारी सूचना इंटरनेट पर उपलब्ध है। शिक्षक से अधिक तो बच्चे जान रहे हैं, इसलिए शिक्षक को भी उतनी ही तैयारी से क्लास में जाना पड़ता है। ऐसा प्राचीन काल में नहीं होता था क्योंकि उस समय गुरु अपने ज्ञान से बच्चों को पढ़ाता था, जो किसी इंटरनेट या गूगल पर उपलब्ध नहीं होता था इसलिए प्रतिवर्ष शिक्षकों का बार–बार प्रशिक्षण होना चाहिए।

आजकल प्रायः यह देखा जाता है कि जिन लोगों को सरकारी नौकरी नहीं मिलती अथवा ऐसे लोग जो कोई भी क्रियात्मक काम नहीं कर सकते, वे शिक्षक बन जाते हैं। लोग यही समझते हैं जब तक कोई दूसरी नौकरी नहीं मिल जाती तब तक शिक्षक बन जाते हैं। ऐसे ही लोग अब तक शिक्षा को काफी बदनाम कर चुके हैं। स्वामी विवेकानंद कहते थे– I am Proudest Teacher ever all. मतलब जो शिक्षक बनता है वह सामान्य लोग नहीं होता। इसलिए विदेशों में वही लोग शिक्षक बनते हैं जो शिक्षक बनना चाहते हैं। जापान में सामान्य ज्ञान के लिए मैट्रिक अथवा प्लस टू तक की शिक्षा सबके लिए अनिवार्य है लेकिन जो लोग वैज्ञानिक बनना चाहते हैं या शिक्षक बनना चाहते हैं, वे विशेष अनुमति लेकर ही आगे की पढ़ाई करते हैं। हमारे देश में ऐसा नहीं होता। प्रत्येक

व्यक्ति बी.ए. और एम.ए. की पढ़ाई करना चाहता है और डिग्री लेकर कुछ लोग दुकानदारी करने लगते हैं, कुछ लोग खेती करने लगते हैं, इससे देश को काफी नुकसान होता है। इसे ही Wastage of Merrit कहा जाता है। अगर किसी को दुकानदारी करनी हो, खेती करनी हो तो उसे एम.ए. पास करने की क्या जरूरत है? एम.ए. और पीएच.डी. तो उस व्यक्ति को करना चाहिए जो पढ़ाना चाहता है। इसीलिए शिक्षा के क्षेत्र में केवल उन्हीं लोगों को आने की अनुमति होनी चाहिए जो केवल शिक्षक बनना चाहते हैं। इसलिए भारत में शिक्षा का इतना बड़ा पराभव हुआ, क्योंकि वह व्यक्ति स्कूल और कॉलेजों में पढ़ा रहा है, जिसकी शिक्षा में कोई रुचि नहीं है।

शिक्षक आदर्श चरित्र का व्यक्ति होता है। यह अनुमान किया जाता है कि जो व्यक्ति शिक्षक है, उसका चरित्र, आचरण, विचार नैतिक होगा। वह किसी भी बुरी आदत का शिकार नहीं होगा। वैसा ही व्यक्ति शिक्षक बन सकता है। लेकिन हमारे देश में प्रायः ऐसा नहीं होता। कभी भी विश्वासपूर्वक नहीं कहा जा सकता कि विश्वविद्यालय के शिक्षक हों या स्कूल के शिक्षक वे पूर्णतः सात्विक होंगे। किसी भी बुरी आदत से मुक्त होंगे। इसलिए वैसे लोग शिक्षक नहीं बन पाते। वे केवल विश्वविद्यालयों से सूचना एकत्र कर लाते हैं और बच्चों को सुनाते हैं। इसीलिए शिक्षा में सचमुच कोई क्रांति नहीं हो पाती। दरअसल, शिक्षक युगद्रष्टा और क्रांति–बीज अंकुरित करने वाला होता है, जो छात्रों के जीवन में अंध–परंपराओं, अज्ञान और अविद्या को तोड़ने की विधि सिखाता है। जब शिक्षक बाजार में घूम कर शिक्षा बेचने लगे, जब शिक्षक कुछ पैसों के लिए अपना आदर्श और स्वाभिमान बेचने लगे तो समझ लेना चाहिए कि अब शिक्षा पूरी तरह विकलांग हो गई है।

13. शिक्षकों के प्रति सरकार का दायित्व

शिक्षा का संपूर्ण दायित्व सरकार के हाथ में है। इसलिए शिक्षा को छात्रों तक पहुँचाने की पूरी जवाबदेही सरकार की होती है। शिक्षक सरकारी कर्मचारी हैं इसलिए वे सरकार के आदेश से नियुक्त होते हैं और स्कूलों में पढ़ाते हैं। अतः सरकार की पूरी जवाबदेही होती है कि वह शिक्षा तंत्र को स्वस्थ बनाए। इसके लिए आवश्यक यह होता है कि जब भी शिक्षकों की नियुक्ति हो तो सरकार विधिवत उनकी योग्यता, उनका आचरण, उनकी आदतें और उनकी क्रियाशीलता की जाँच करे, तभी उन्हें शिक्षक बनने की अनुमति दी जाए। क्योंकि, कितनी भी अच्छी शिक्षा योजना हो अगर बच्चों तक उतारने वाला व्यक्ति योग्य नहीं है तो शिक्षा कभी भी बच्चों तक नहीं उतर सकती। जिस प्रकार दूध पवित्र है लेकिन उसे जब गंदे पात्र में रख दिया जाता है तो वह अशुद्ध हो जाता है, इसीलिए विचार यह करना है कि जो शिक्षक छात्रों में शिक्षा उतारने जा रहा है, क्या उस शिक्षक की पात्रता सही है? वह विकारग्रस्त तो नहीं है, वह कामी, लोभी और किसी नशा का शिकार तो नहीं है। जब तक इसकी जाँच नहीं हो जाती, तब तक किसी भी व्यक्ति को शिक्षक बनने की अनुमति नहीं दी जानी चाहिए। गाड़ी चलाने के लिए हम प्रदूषण मुक्त होने का सर्टिफिकेट लेते हैं। बड़े–बड़े भवन, पुल और डैम को चालू करने के पहले इंजीनियर से एन.ओ.सी. लेते हैं लेकिन जो व्यक्ति बच्चों के भविष्य का निर्माण करने जा रहा है, उसके लिए कहीं से भी एन.ओ.सी. नहीं लिया जाता है। यही कारण है कि अयोग्य और विकार ग्रस्त लोग शिक्षक बनकर पढ़ाने लगते हैं। तभी शिक्षा का पराभव होने लगता है।

14. बच्चों के भविष्य की कोई योजना नहीं है

यह अजीब बात है कि जब हम एक छोटा सा घर बनाते हैं, कोई पुल बनाते हैं तो उसकी मिट्टी की जाँच करते हैं। योग्य व्यक्ति से नक्शा बनवाते हैं। सभी प्रकार की जाँच से संतुष्ट होकर ही हम मकान बनाते हैं, क्योंकि उस मकान में हमें रहना है। लेकिन आश्चर्य की बात है कि आज तक किसी भी व्यक्ति ने अपने बच्चों के भविष्य के लिए कोई प्रोजेक्ट नहीं बनाया। हमारे जीवन की जो सबसे महत्त्वपूर्ण उपलब्धि है, हमारा बच्चा, उसके भविष्य के लिए हम लोगों ने कभी कोई योजना नहीं बनाई। हम अपने बच्चों को बिना सोचे–समझे किसी ऐसे व्यक्ति को पढ़ाने के लिए दे देते हैं, जो स्वयं शिक्षित नहीं है।

15. शिक्षा में अनेकरूपता के दुष्परिणाम

शिक्षा केंद्र और राज्य दोनों का संयुक्त दायित्व है। समवर्ती सूची में होने के कारण यह दोनों के क्षेत्र में आती है। यही कारण है कि केंद्र और राज्य दोनों समय–समय पर इसमें परिवर्तन करते रहते हैं। इसका परिणाम यह होता है कि शिक्षा के लिए संपूर्ण रूप से न तो केंद्र सरकार और न राज्य सरकार जवाबदेह है। गाँव में कहावत है कि "सांझी की सुई सोहढ़ पर भी नहीं उठती है" अर्थात जब दो व्यक्ति मिलकर कोई काम करते हैं तो किसी एक पर जवाबदेही नहीं दी जा सकती है।

कहावत है "Joint Responsibility is no Responsibility" इसलिए शिक्षा का कल्याण तभी हो सकता है जब या तो राज्य के अधीन रहे या केंद्र के अधीन रहे। इसे समवर्ती सूची से हटाना चाहिए, तभी कोई एक इसकी जवाबदेही ले सकता है। आज हमारी शिक्षा इसलिए कभी गिरती है, कभी सँवरती है। इसे कारगर ढंग से लागू नहीं किया जाता। आज पूरे देश में नई शिक्षा नीति लागू हुई है। यह ठीक है कि केंद्रीय परीक्षा समिति अपने विद्यालयों में नई शिक्षा को लागू करेगी लेकिन जो विद्यालय राज्य सरकार के अधीन हैं, उनमें इस नीति का पालन किस हद तक होगा, कहना मुश्किल है। एक ही देश में अनेक प्रकार की शिक्षा नीति चल रही है। सी.बी.एस.ई. स्कूलों में अलग सिलेबस है, राज्यों के स्कूलों में अलग सिलेबस है। अल्पसंख्यक स्कूलों में अलग सिलेबस है। इस तरह पूरे देश में न जाने कितने प्रकार के सिलेबस चल रहे हैं, जहाँ हमारे बच्चे पढ़ रहे हैं। ऐसी स्थिति में शिक्षा के माध्यम से राष्ट्रीय एकता को कैसे बढ़ावा दिया जा सकता है। अगर उत्तर के भगत सिंह को दक्षिण में लोग नहीं जानते, दक्षिण के महाकवि कंवन को उत्तर के लोग नहीं जानते।

विश्वकवि रवींद्रनाथ टैगोर, बंकिमचंद्र चट्टोपाध्याय को पश्चिम के अधिकांश लोग नहीं जानते, पश्चिम के वीर सावरकर को पूर्व के क्षेत्रों में नहीं पहचानते। भारत की सांस्कृतिक एकता के प्रतीक राम, कृष्ण, वेद, पुराण यहाँ तक कि महावीर को भी कई क्षेत्रों में निष्ठा से स्वीकार नहीं किया जाता। इसका एक ही कारण है कि बच्चों के सिलेबस में इन महापुरुषों के संबंध में पूरे देश के बच्चों को नहीं बताया जाता। यह जो भिन्नता है, इस कारण पूरे देश में एक जैसी शिक्षा नहीं दी जाती। फलतः शिक्षा के माध्यम से राष्ट्रीय एकता को एक सूत्र में बाँधा भी नहीं जा सकता। शिक्षा किसी भी राष्ट्र की संस्कृति, संस्कार और अस्मिता का प्रतीक होती है। शिक्षा से ही राष्ट्र की गरिमा की पहचान होती है। स्वतंत्रता के बाद आज हमारी शिक्षा पूर्ण स्वस्थ नहीं हो सकी है। इसका एक ही कारण है कि प्रत्येक राज्य अपनी–अपनी सुविधा के अनुसार शिक्षा का संचालन कर रहा है। आज विश्व के अनेक छोटे–छोटे देश नेपाल, मॉरीशस, श्रीलंका, जापान कई देश ऐसे हैं, जहाँ उन लोगों ने अपनी संस्कृति और परिवेश के अनुसार अपनी शिक्षा नीति बनाई। जिस कारण शिक्षा में उठापटक और बार–बार परिवर्तन नहीं हो रहा है। नेपाल जैसा छोटा देश भी बार–बार अपनी बात अपनी भाषा नेपाली में ही विश्व के समक्ष रखता है। हमारे देश में इसका अभाव है। जिस कारण भारत के बच्चों को एक सूत्र में जोड़ना मुश्किल है और इसका प्रभाव राष्ट्रीय एकता और अखंडता पर भी पड़ता है।

16. नई शिक्षा–नीति को कैसे लागू करें

यह सच है कि बड़े परिश्रम के बाद राष्ट्रीय शिक्षा नीति की तैयारी हुई है। लेकिन प्रश्न है कि क्या पूरे देश में एक सिलेबस, एक पद्धति और एक ही प्रकार से शिक्षा दी जाएगी। नई शिक्षा–नीति तो आ गई। इसका हम सबों ने स्वागत किया है लेकिन प्रश्न है कि क्या जो लोग इस शिक्षा को बच्चों तक पहुँचाएँगे, जो हमारे शिक्षक हैं, कॉलेजों के प्राध्यापक हैं, उन्हें इस शिक्षा नीति को कारगर ढंग से बच्चों तक पहुँचाने का प्रशिक्षण देना अनिवार्य नहीं है, क्योंकि जो लोग आज शिक्षा देने वाले हैं, वे पिछले 50 वर्षों से पुरानी पद्धति से बच्चों को पढ़ा रहे हैं। उन्हें नई पद्धति का कुछ भी बोध नहीं है। वे आज भी गाँव में बरगद, पीपल के पेड़ के नीचे बैठकर ककहरा और ए.बी.सी.डी. पढ़ा रहे हैं। उन्हें तो पता भी नहीं है कि नई शिक्षा–नीति क्या है? जब पढ़ाने वालों को ही नई शिक्षा–नीति के बारे में जानकारी नहीं है तो वे बच्चों को क्या पढ़ा पाएँगे? उन्हें तो खुद पता नहीं है कि Creative Education क्या होता है? इसलिए जब नई शिक्षा–नीति की घोषणा हो गई है तो युद्ध स्तर पर राज्य सरकारें शिक्षकों को प्रशिक्षण देना शुरू करें। प्रत्येक जिला मुख्यालयों में सेमिनार आयोजित किये जाएँ और वहाँ के निजी विद्यालय हों या सरकारी विद्यालय हों, सभी शिक्षकों को नई शिक्षा के संबंध में पूरी जानकारी देने की व्यवस्था होनी चाहिए। यह काम शिक्षा विभाग स्वयं करे अथवा किसी भी स्वस्थ एन.जी.ओ. के द्वारा भी करा सकता है। शिक्षा क्षेत्र में शिक्षा के प्रति समर्पित व्यक्ति ही काम करें।

17. शिक्षा आज एक व्यापार बन गयी है

जिसे कोई काम नहीं मिलता, वह स्कूल खोल कर शिक्षा देने लग जाता है। इसपर सरकार का कोई नियंत्रण नहीं है। आज दुकानों की तरह स्कूल खोले जा रहे हैं। दुकानों के लिए तो लाइसेंस भी लेना पड़ता है, लेकिन स्कूल खोलने और शिक्षक बनने के लिए न कोई नियम है, न कोई योग्यता है। मनुष्य की सबसे बड़ी उपलब्धि उसकी संतान है। मनुष्य मकान बनाने के लिए आर्किटेक्ट के पास जाता है। इलाज कराने के लिए डॉक्टर के पास जाता है, लेकिन अपने प्रिय बच्चों की पढ़ाई के लिए किसी शिक्षाविद् की खोज नहीं करता। आजकल तो बड़े–बड़े बिजनेस घराने भी स्कूल खोलकर शिक्षा दे रहे हैं। जिसे स्वयं शिक्षा का ज्ञान नहीं है, वह विद्यालयों का संचालक बन जाता है। इस पर सरकार का कोई प्रतिबंध नहीं है। इसलिए सबसे पहले तो सरकार को चाहिए कि इन विद्यालयों, संचालकों, शिक्षकों और शिक्षा बेचने वालों की योग्यता की जाँच करें और उन्हीं लोगों को स्कूल खोलने अथवा शिक्षक बनने की अनुमति दी जाए जो सरकार के मानदंडों के आधार पर योग्य साबित हों, क्योंकि बच्चों के भविष्य निर्माण के आधार पर अगर कोई समझौता होता है तो बहुत बड़ा अपराध माना जाएगा।

इसलिए मैं चाहता हूँ कि राष्ट्रीय शिक्षा–नीति पूरे देश में कड़ाई से लागू हो, क्योंकि यह शिक्षा–नीति पूरे देश का संकल्प है। वर्षों की साधना के पश्चात इसे तैयार किया गया है। इसीलिए बिना किसी भेदभाव को इसे लागू करने की आवश्यकता है। जैसे देश में रेलवे है, पोस्ट ऑफिस है, बैंक है, हवाई जहाज है; ठीक उसी प्रकार नई शिक्षा–नीति को राष्ट्रीय संपत्ति समझकर लागू करने की आवश्यकता है ताकि शिक्षा के माध्यम से हम पूरे देश को एक सूत्र में बाँध सकें, लेकिन इसके पहले यह भी आवश्यक है कि शिक्षा–क्षेत्र में लगे लोगों की योग्यता, निष्ठा और समर्पण की जाँच हो जाए, स्कूलों के वातावरण को ठीक से समझ लिया जाए, तभी शिक्षा–नीति को निष्ठापूर्वक लागू किया जा सकता है।

18. पहले शिक्षा-नीति को लागू करने का संकल्प करें

आज स्थिति यह है कि हमारी शिक्षा–नीति तो आ गई; कल से हम उम्मीद करने लगेंगे कि शिक्षा–नीति और नई शिक्षा–पद्धति स्कूलों में लागू हो गई होगी। जबकि स्थिति यह है कि शिक्षा–क्षेत्र में लगे लोगों ने शायद इसे पढ़ा भी नहीं होगा। फिर हम कैसे यह आशा करें कि शहर या गाँव के स्कूलों के शिक्षकों ने इसे या तो समझ लिया होगा या समझने का प्रयास कर रहे होंगे, क्योंकि किसी भी सिद्धांत को सफल तभी किया जा सकता है, जब उसे निष्ठापूर्वक पूरी तैयारी के साथ एक बार लागू कर दिया जाए। जैसे अभी–अभी हमारे देश में कोरोना का वैक्सीनेशन पूरी तैयारी के साथ लागू किया गया। देश में जब चुनाव होता है तो उसे निष्ठापूर्वक एक साथ सभी शर्तों के साथ लागू किया जाता है, ठीक उसी प्रकार यह शिक्षा–नीति कोई छोटी–मोटी योजना नहीं है। यह हमारे बच्चों के भविष्य का सवाल है। देश की अस्मिता, नैतिकता और चरित्र का सवाल है। नई पीढ़ी के भविष्य का सवाल है। इसलिए इसको यों ही Notification के द्वारा लागू नहीं किया जा सकता। इसे शिक्षा में लगे सभी शिक्षा–पुत्रों को एक साथ मिलकर पूरे देश में लागू करने का संकल्प करना होगा, क्योंकि एक बार अगर किसी भी कारण से अथवा किसी भी कर्मचारी की अयोग्यता से इस शिक्षा–नीति को बच्चों तक पहुँचाने में भूल हुई तो भय है कि कहीं पिछली शिक्षा–नीतियों की तरह यह भी विफल न हो जाए। इसलिए यह हमारा राष्ट्रीय संकल्प है। बच्चों के भविष्य का संकल्प है। इस शिक्षा–नीति को बहुत ही मुस्तैदी से पूरे देश में लागू किया जाना चाहिए ताकि घर–घर तक यह शिक्षा–नीति पहुँच सके।

यह शिक्षा–नीति हमारे देश का संकल्प है। हमारे माननीय प्रधानमंत्री श्री नरेंद्र मोदी जी का संकल्प है। इस शिक्षा–नीति को लागू करने में किसी भी प्रकार की कोताही नहीं बरती जानी चाहिए।

19. कैसे लागू करें

मैं पिछले अनेक वर्षों से शिक्षा में हूँ। मैंने केवल शिक्षा को पढ़ा नहीं है। इतने वर्षों तक शिक्षा में जिया भी है। शिक्षा का अनुभव किया है। इसीलिए मैं शिक्षा को निकट से जानता हूँ। आज पूरे देश और विदेशों में भी शिक्षा पर बड़े–बड़े सेमिनार हो रहे हैं। लंबे–चौड़े भाषण दिए जा रहे हैं, लेकिन बड़े–बड़े सेमिनारों में शिक्षा के मौलिक आधारभूत संरचनाओं पर बात नहीं होती। वहाँ लोग शिक्षा की विफलताओं पर डाटा एकत्र करते हैं, प्रतिशत बताते हैं, शिक्षा की बीमारी पर, उसकी रुग्णता पर आँसू बहाते हैं। सरेआम शिक्षा की विकलांगता पर चर्चा करते हैं लेकिन कोई यह नहीं बतलाता कि आज शिक्षा गाँव तक उतर क्यों नहीं पा रही है।

दरअसल, शिक्षा कोई व्यावसायिक संगठन नहीं है, कोई इंडस्ट्री नहीं है कि इसके नीति निर्देशक तत्त्व (Directive Principles) निर्धारित कर दिये जाएँ और उन्हें लोगों को बता दिया जाए। भारत गाँवों का देश है। यहाँ 85 प्रतिशत लोग गाँव में रहते हैं। इन गाँव के लिए जो भी नियम–कानून बने, उनके परिवेश और गाँव के वातावरण के अनुरूप बनना चाहिए। बड़े शहरों में बैठकर ग्रामीण परिवेश के लिए कोई भी शिक्षा–नीति नहीं बना सकते। शहरों के बच्चे स्कूल में पढ़ते हैं "This is a bun." लेकिन गाँव के बच्चे Bun को कभी देखे भी नहीं होते हैं। वे बाजरे की रोटी और मकई की रोटी ही खाते हैं। अगर कोई उनसे Bread, Butter और Bun की बात करता है तो उन्हें समझ में नहीं आता है। इसलिए माननीय प्रधानमंत्री मोदी जी ने कहा है कि गाँव के बच्चों के लिए गाँव की भाषा में पढ़ाई होनी चाहिए। हमें इस बात का बोध होना चाहिए कि बड़े–बड़े शहरों में जो नियम बनाए जा रहे हैं, उन नियमों को 85 प्रतिशत लोगों तक जाना है। हम भूल जाते हैं कि शहरों में जो बड़े–बड़े स्कूल हैं, वैसे ही स्कूल और वैसे ही बच्चे गाँव में नहीं हैं। गाँव में कई स्कूल तो ऐसे भी मिलेंगे जहाँ के बच्चे बरगद

के पेड़ के नीचे बैठ कर पढ़ रहे हैं। इसीलिए देश के 15 प्रतिशत लोगों को ध्यान में रखकर जो आज तक शिक्षा–नीति चलती रही है, उसी का दुष्परिणाम है कि हम निष्ठापूर्वक बच्चों तक शिक्षा नहीं पहुँचा रहे थे। यह संयोग है कि शहरों में ही बड़े–बड़े विश्वविद्यालय बनाए जाते हैं। बड़े हॉस्पिटल बनाए जाते हैं, सड़कें बनाई जाती हैं, कॉलोनी बनाई जाती हैं, जहाँ देश के केवल 15 प्रतिशत लोग ही रहते हैं। इसलिए आवश्यक है कि देश के 85 प्रतिशत लोगों तक हमारी योजना पहुँचे। हमसे एक भूल और होती रही है कि हम जो भी नियम बनाते हैं, शहरों को ध्यान में रखकर बनाते हैं। विशेषकर शिक्षा–क्षेत्र में ऐसा ही होता रहा है। इतने वर्षों के बाद भी शिक्षा गाँव तक इसलिए नहीं पहुँची कि शिक्षा की धारा शहरों से गाँव की ओर बढ़ाने का प्रयास किया गया। जबकि शिक्षा की धारा को गाँव की ओर से शहरों की ओर बहनी चाहिए। गाँव की संस्कृति, संस्कार और वर्षों से बोली जाने वाली भाषा को शहरों तक पहुँचाने का प्रयास किया जाएगा तभी गाँव के लोगों की भावना, स्पंदन, उसका संस्कार और संस्कृति गाँव से निकलकर शहरों तक पहुँच सकती है। गाँव से जो यह हवा शहर की ओर चलेगी, उसमें गाँव की महक होगी। गाँव के चौपालों और खेत की मेड़ों की पुकार होगी, तभी हम गाँव और शहर को जोड़ सकते हैं।

महात्मा गाँधी कहते थे कि इस भूतल को ही स्वर्ग बनाना है। भूतल का स्वर्गीकरण करना है। इसलिए आज गाँव का ही शहरीकरण करने की आवश्यकता है। जब गाँव अपनी संस्कृति और संस्कार छोड़कर शहर की ओर चलेगा तो उसका अपना सब कुछ नष्ट हो जाएगा। आज हमारे देश की आवश्यकता है कि वह अपने रीति–रिवाज, संस्कार और संस्कृति को बचाए हुए नई दुनिया में प्रवेश करे।

इसलिए मेरा अनुरोध है कि शिक्षा विभाग के समस्त लोग इस नई शिक्षा–नीति को प्रत्येक छात्र तक पहुँचाने के लिए संकल्प करें। प्रत्येक जिला एवं ब्लॉक में शिक्षकों का प्रशिक्षण हो। विशेषज्ञ लोग स्कूलों तक जाएँ और नई शिक्षा के संबंध में लोगों को जानकारी दें। शिक्षकों का नियमित प्रशिक्षण हो, उन्हें नई शिक्षा में जीने का बोध कराया जाए लेकिन बिना शिक्षकों के सहयोग से इस शिक्षा नीति को छात्रों तक पहुँचाना संभव नहीं है।

20. शिक्षा–विभाग को स्वायत्तता देने की आवश्यकता

सबसे महत्त्वपूर्ण बात यह है कि शिक्षा को अलग स्वायत्तता देने की आवश्यकता है। मेरा तर्क यह है कि शिक्षा–विभाग में उन्हीं अधिकारियों और कर्मचारियों को रहना चाहिए जो शिक्षा के विशेषज्ञ हों। जिन्हें शिक्षा का अनुभव हो, क्योंकि शिक्षा कोई कल–कारखाना, सड़क या नदी–विभाग की तरह नहीं है कि वहाँ कोई भी अधिकारी तीन–चार वर्षों के लिए जाए और शिक्षा–सूत्र का संचालन करे। इस विभाग में वैसे अधिकारियों को रहना चाहिए, जिन्हें वर्षों से शिक्षा–सूत्र का संचालन करने का अनुभव हो। अभी स्थिति यह है कि कोई भी ऊँचा अधिकारी चार–पाँच वर्षों तक शिक्षा विभाग में रहकर शिक्षा को समझने लगता है तो वह किसी दूसरे विभाग में चला जाता है। फिर वहाँ जो आता है उसे शिक्षा–विभाग को समझने में फिर तीन–चार वर्ष लग जाते हैं। इससे भी शिक्षा को काफी नुकसान होता है।

इसलिए मेरा अनुरोध है कि भारत में माननीय प्रधानमंत्री जी ने जो संकल्प लिया है, उसे तभी लागू किया जा सकता है जब शिक्षा को सामान्य प्रशासन से अलग किया जाए और शिक्षा–विभाग में केवल शिक्षाविदों को ही रखा जाए। हमलोगों ने कई बार अनुभव किया कि जब कभी भारतीय सेवा के वरिष्ठ अधिकारियों को किसी विश्वविद्यालय में भेजा जाता है तो वहाँ उन्हें सफलता नहीं मिल पाती, क्योंकि शिक्षा में जो लोग हैं वे "ऑफिस ऑर्डर" के द्वारा नियंत्रित नहीं हो पाते। शिक्षा के लोग जब तक भावनात्मक रूप से शिक्षा से नहीं जुड़ेंगे, तब तक शिक्षा के उन लोगों को शिक्षा की मूल धारणा से जोड़ना संभव नहीं है, क्योंकि शिक्षा के लोग किसी फैक्ट्री के कर्मचारी नहीं होते।

फैक्ट्री के लोग तकनीकी नियम से चलते हैं लेकिन किसी शिक्षक को अगर यह कहा जाए कि तुम इस तकनीक से पढ़ाओ, इस आदेश के तहत बच्चों को पढ़ाओ तो वह पढ़ा नहीं पायेगा, क्योंकि फैक्ट्री में लोग अपने सीखे हुए हुनर से काम करते हैं लेकिन शिक्षक हुनर से नहीं पढ़ा पाता, हृदय से पढ़ाता है। बच्चों को कैसे पढ़ाएँ, यह किसी के बताने से संभव नहीं है। पढ़ाने के लिए शिक्षक को हृदय से जुड़ना पड़ता है। इसलिए मेरा विचार है कि शिक्षा से जुड़े लोग Office Order के द्वारा नियंत्रित नहीं किये जा सकते।

उन्हें स्वेच्छा से जुड़ने की प्रेरणा देने से ही शिक्षा की मूलधारा से जोड़ा जा सकता है।

आज जो लोग शिक्षा–विभाग में काम कर रहे हैं, वे किसी दूसरे विभाग के कर्मचारी की तरह नहीं हैं। जैसे किसी भी दूसरे विभाग के कर्मचारी को अगर शिक्षक बनाकर किसी विद्यालय में भेजा जाए तो दूसरे विभाग के श्रेष्ठ और वरिष्ठ अधिकारी भी शिक्षक नहीं बन सकते। ठीक उसी प्रकार किसी योग्य शिक्षक को अगर किसी दूसरे विभाग में काम करने के लिए भेजा जाए तो वह पूरी तरह असफल हो जाएगा। इसलिए मैंने पिछले वर्षों में ही सरकार से अनुरोध किया था कि शिक्षा विभाग को सामान्य प्रशासन से अलग किया जाए और उन्हें जवाब दे दिया जाए कि इतने दिनों में आपको शिक्षा को घर–घर तक पहुँचाना है। अगर नहीं पहुँचती है तो उन्हें दंडित किया जाए। लेकिन आज स्थिति यह है कि अगर शिक्षा में कोई गिरावट होती है या उसका परिणाम अच्छा नहीं होता तो जब मूल्यांकन का समय आता है तब सब कुछ बदल गया होता है। मंत्री बदल जाते हैं, अधिकारी बदल जाते हैं। सब कुछ बदल जाता है तो किसी भी व्यक्ति को जवाबदेह कैसे बनाया जा सकता है? इसलिए मैंने निवेदन किया था कि शिक्षा–विभाग को एक अलग स्वायत्त विभाग बनाया जाए, जहाँ केवल वही कर्मचारी या अधिकारी रहें, जिन्हें शिक्षा में रुचि हो, जो शिक्षा में जीना चाहते हों।

शिक्षा का संपूर्ण विकास तभी संभव है, जब शिक्षा या तो पूरी तरह केंद्र सरकार के अधीन हो या राज्य सरकार के। इसके साथ शिक्षा–विभाग को एक अलग स्वतंत्र विभाग बनाने की आवश्यकता है, जहाँ शिक्षाविदों को ही नियुक्त किया जाना चाहिए।

21. नई शिक्षा–नीति की अनिवार्यता

शिक्षा के क्षेत्र में भारत प्राचीन काल से विश्व–गुरु रहा है। यों शिक्षा प्रत्येक देश में अपनी–अपनी संस्कृति और संस्कार के अनुरूप नई पीढ़ी के बच्चों के निर्माण में लगी होती है, क्योंकि शिक्षा किसी भी देश की आंतरिक संरचना और वहाँ के विचारों और संस्कारों को नई पीढ़ी तक पहुँचाती है। आज तक जब भी किसी देश के संबंध में जानना होता है तो लोग वहाँ की शिक्षा–नीति को समझकर यह अनुमान लगा लेते हैं कि इस देश का मौलिक चिंतन क्या है। इसलिए शिक्षा प्रत्येक देश के विचारों को व्यक्त करती है। आज विश्व में शिक्षा पर जो नई खोजें हो रही हैं, नया परिवेश बनाया जा रहा है, वह इस बात पर निर्भर करता है कि वर्तमान परिवेश में वह राष्ट्र को किस दिशा में यात्रा का संकल्प कराता है। इसलिए प्रत्येक देश अपने–अपने परिवेश के अनुरूप शिक्षा–नीति बनाता है और उस शिक्षा–नीति को सुगमता से किस भाषा में बच्चों तक पहुँचाया जाए, यह तय करता है। क्योंकि, कोई भी विचार बच्चों तक तभी पहुँचाया जा सकता है, जब वह विचार वहाँ के छात्र–छात्राओं की जीवन–शैली के अनुरूप हो।

कहा जाता है कि कोई उत्तम विचार या नीति लोगों तक तभी पहुँचाई जा सकती है जब वह ऐसी भाषा में कही जाए जो सरलता से लोगों तक पहुँच सके। इसलिए शिक्षा की सफलता इस बात पर निर्भर करती है कि जो शिक्षा बच्चों को दी जाने वाली है, उसमें उस देश की मिट्टी की सुगंध हो, उस देश की संस्कृति और संस्कार के अनुरूप हो और वहाँ के लोगों को अपनी मातृभाषा में समझाया जाए।

इसीलिए कहते है– Language is the Complete Expression of thought with the help of Vocal Sounds. इसका मतलब है कि कोई

भी उत्तम विचार या शिक्षा–नीति बच्चों तक तभी पहुँचाई जा सकती है, जब वह स्थानीय लोगों की भाषा में हो।

आजकल एक भूल सामान्यतः शिक्षा–क्षेत्र में हो रही है कि हम जिन शब्दों का और प्रतीकों का पाठ्यक्रम में प्रयोग करते हैं, वे शब्द पूर्णतः वहाँ के लोगों के लिए अपरिचित होते हैं।

जैसे मैंने किसी पुस्तक में लिखा था कि शिक्षा बच्चों को पढ़ा रही है – This is a Bun अब Bun का अर्थ बच्चों को समझना है। यह जो Bun शब्द है, उसका मूलतः प्रयोग विदेशों में होता है। हमारे यहाँ गेहूँ की रोटी, मक्के की रोटी का प्रयोग होता है। अगर अपने बच्चों को Bun बताते हैं तो बच्चे नहीं समझ पाते हैं। इसी तरह के अनेक शब्द हैं जो हमारे देश में प्रयुक्त नहीं होते हैं। अगर उन उपयुक्त शब्दों को पाठ्यक्रम में लाया जाता है तो स्वाभाविक है, बच्चे उन्हें समझ पाएँगे। इस Bun के बदले अगर 'मीठी रोटी' का प्रयोग करें जो प्रायः गाँव में रोटी में गुड़ मिलाकर खायी जाती है तो बच्चे समझ लेते हैं। इसलिए कहीं न कहीं शिक्षा को अगर हम बच्चों तक पहुँचाने में असफल रहे हैं तो उसका मुख्य कारण यह है कि हम उन विचारों, संस्कारों और भाषाओं का प्रयोग शिक्षा–क्षेत्र में करते रहे हैं, जिन्हें बच्चे समझ नहीं पाते हैं। दरअसल बच्चे तो पढ़ना चाहते हैं लेकिन हम ऐसी उटपटांग चीजें पढ़ाने लगते हैं, जिनसे बच्चे परिचित नहीं होते हैं। एक आंकड़े के अनुसार जब 100 बच्चे विद्यालयों में पढ़ने जाते हैं, उनमें से लगभग 92 प्रतिशत छात्र पढ़ाई छोड़ कर लौट जाते हैं। इसलिए यह नहीं कहा जा सकता कि बच्चे पढ़ना नहीं चाहते?

दरअसल हमारे पढ़ाने का जो Method है वह गलत है, क्योंकि जो लोग आज पढ़ाने जा रहे हैं, वे स्वयं अंधकार में भटक रहे हैं। वे स्वयं शिक्षा के तकनीक से अपरिचित हैं। उन्हें शिक्षा की मूल भावना का कुछ भी ज्ञान नहीं है। वे केवल पुस्तक में लिखी हुई बातों का महज अनुवाद कर रहे हैं। उन्हें इस बात का कोई बोध नहीं है कि जब वे कक्षा में पढ़ाने जा रहे हैं तो बच्चे की मानसिक स्थिति क्या है? जो विषय शिक्षक पढ़ाने जा रहे हैं, क्या बच्चे पढ़ने के लिए तैयार हैं। अगर बच्चे पढ़ने के लिए तैयार नहीं हैं तो जो कुछ भी शिक्षक पढ़ायेगा वह तो पत्थर पर बीज अंकुरित करने के समान ही होगा।

आजकल तो शिक्षक पढ़ाई के नाम पर कक्षा में जो कुछ कर रहे हैं, वह पढ़ाई नहीं है। वह तो सूचना का प्रसारण है, शिक्षक बोले चला जा रहा है। उसे कोई मतलब नहीं है। बच्चे उसे स्वीकार कर रहे हैं या नहीं, वह कक्षा में टेपरिकॉर्डर की तरह बजता जा रहा है। यही कारण है कि शिक्षक और बच्चों में कोई तारतम्य नहीं हो पाता। तारतम्य का अर्थ है जब शिक्षक और छात्र का मन मस्तिष्क एक सूत्र में बँध जाए, एक धारा में प्रवाहित होने लगे। शिक्षक पूरी तरह अपने विषयों के साथ बच्चों के मन में उतर जाए। जब छात्र शिक्षक से एक तान, एक लय, एकात्म बन जाए तभी शिक्षक छात्र के जीवन में शिक्षा उतार सकता है। इसलिए शिक्षा तभी उनमें उतर सकती है, जब कठिन विषयों को सुगम भाषा में रोचक बनाकर बच्चों को बताया जाता है। जैसे किसी दवा का कैप्सूल रोगी को दिया जाता है। कैप्सूल के अंदर की दवा बहुत कड़वी होती है लेकिन कड़वी दवा को कैप्सूल बनाकर जब दिया जाता है तो वह कड़वी नहीं होती। इसलिए शिक्षा को मोहक और आकर्षक भाषा में बच्चों तक उतारने की आवश्यकता है।

शिक्षा इसलिए बच्चों को दी जाती है कि वे अपने अंधविश्वास, रूढ़िता और अज्ञान को नष्ट करें। मनुष्य के जीवन में मूलतः जो अविद्या है, उसको शिक्षा के प्रकाश से नष्ट करना पड़ता है। तभी हम प्रकाश की ओर यात्रा का संकल्प करते हैं। अब प्रश्न उठता है कि जो लोग प्रकाश प्रदान कर रहे हैं, जो बच्चों के लिए आदर्श हैं, क्या वे उसके पूर्णतः अधिकारी हैं। वह पोस्टमैन की तरह केवल संवाद ढोने वाला तो नहीं है क्योंकि संवाद बच्चों तक पहुँचाना अलग बात है, पढ़ाना अलग बात है। पढ़ा वही सकता है जो स्वयं पढ़ा हो, जिसने स्वयं अनुभव किया हो, जो पूर्ण दीक्षित हो तभी व शिक्षक बन सकता है। किसी विषय की सूचना कहीं से एकत्र कर बच्चों तक पहुँचाना शिक्षा नहीं है। आजकल अधिकांशतः ऐसी ही परंपरा चल रही है।

कल तक जो व्यक्ति किसी विश्वविद्यालय में पढ़ रहा था, वह आज पढ़ाने के लिए कक्षा में खड़ा हो गया। रात भर में ही वह शिक्षक बन गया। कल तक वह स्वयं सीख रहा था, आज सिखाने के लिए खड़ा हो गया। इसी का परिणाम है कि वह शिक्षा की मूल भावना को बच्चों तक

पहुँचा नहीं पा रहा है। सूचना को एकत्र कर किसी क्लास में जाकर वोमिट कर देना शिक्षक का कार्य नहीं है। होना तो यह चाहिए कि जो कुछ भी उस व्यक्ति ने पढ़ा है, पहले उन विचारों को वह अपने जीवन में उतारे, उसे डाइजेस्ट करे, जब वह समझ ले कि उसने इस विषय को पूरी तरह समझ लिया है, तभी उसे दूसरों को बताना चाहिए।

मैंने सुना है कि आइस्टीन सुबह में कहीं टहल रहे थे। वहाॅ बगल में एक स्कूल चल रहा था। उत्सुकतावश वे वहाँ गए। शिक्षक 'विद्युत' पर पढ़ा रहा था। आइंस्टीन अनजान बनकर बगल में खड़े थे। उन्होंने शिक्षक से पूछा कि यह विद्युत (Electricity) क्या है? शिक्षक ने जवाब दिया आप देखते नहीं यह बल्ब जल रहा है, पंखा चल रहा है, यही तो बिजली है। आइंस्टीन ने कहा यह तो आप विद्युत का कार्य बता रहे हैं। आखिर विद्युत है क्या? इस पर शिक्षक ने झुंझलाकर कर कहा—जाओ, इसका उत्तर आइंस्टीन से पूछ लेना। आइंस्टीन ने कहा कि उसे उसी विद्युत की खोज है, जो शिक्षक पढ़ा रहा था। वह पढ़ा नहीं रहा था सूचना प्रसारित कर रहा था। इससे बच्चों को कोई लाभ नहीं हो सकता है।

आजकल विश्वविद्यालयों में प्राणिशास्त्र पढ़ाया जाता है। इस विषय पर बड़े—बड़े व्याख्यान दिए जाते हैं। लेकिन किसी व्यक्ति को यह पता नहीं होता कि 'प्राण' क्या है? ठीक उसी प्रकार लोग मनोविज्ञान पढ़ते हैं लेकिन आज तक किसी को पता नहीं है कि 'मन' क्या है? इसलिए जब तक हम इन विषयों की मूल भावना को सरल शब्दों में नहीं पढ़ाएँगे तब तक बच्चे इसी तरह पढ़ाई से भागते रहेंगे। इसलिए आवश्यक है कि शिक्षा को छात्रों तक पहुँचाने के पहले उन शिक्षकों का पूर्णतः प्रशिक्षण और उनकी पात्रता की जाँच हो। जब वरिष्ठ शिक्षाविद उन शिक्षकों की पात्रता से पूर्णतः संतुष्ट हो जाएँ तभी उन्हें छात्रों को पढ़ाने का अधिकार—पत्र दिया जाना चाहिए। क्योंकि एक अयोग्य इंजीनियर अगर कोई प्रोजेक्ट बनाता है और वह प्रोजेक्ट फेल कर जाता है तो उस प्रोजेक्ट को पुनः बना सकते हैं। लेकिन अगर कोई अयोग्य और अप्रशिक्षित व्यक्ति शिक्षा को गलत ढंग से बच्चों तक पहुँचाने का प्रयास करता है और बच्चों पर उसका बुरा प्रभाव पड़ता है तो उसकी मरम्मत

हम नहीं कर सकते हैं। तब तो पीढ़ी–दर–पीढ़ी खराब होती चली जाएगी। इसलिए आवश्यक है कि नई शिक्षा–नीति को बच्चों में उतारने के पहले जो संवाहक हैं, वे पूरी तरह प्रामाणिक व्यक्ति हों।

आजकल हम पढ़ाने वाले को शिक्षक कहते हैं, मतलब यह कि वह शिक्षा को बच्चों तक उतारने में समर्थ है लेकिन इनमें से अधिकांश लोग शिक्षा के संवाहक नहीं हैं। किसी विषय के संवाहक हैं। कोई गणित जानता है, कोई फिजिक्स तो कोई केमिस्ट्री जानता है। इस तरह वह विषय जानता है, इसलिए उसे शिक्षक कहना उचित नहीं है। शब्दकोश में भी शिक्षक के लिए Teacher शब्द का प्रयोग होता है। Teacher भी कोई आदरणीय शब्द नहीं है। Teacher का अर्थ है 'One who Teaches Something Forcively.' जो बलपूर्वक किसी चीज को पढ़ाता हो। जैसे कहा जाता है कि अगर तुमने मेरी बात नहीं मानी तो ऐसा Lesson 'Teach' करूँगा कि तुम याद रखोगे। मतलब यह कोई आदर सूचक शब्द नहीं है। इसी से Teacher बना है। इसलिए विदेश में Teacher शब्द का प्रयोग नहीं करते हैं, वहाँ वे Preceptor शब्द का प्रयोग करते हैं।

उसी तरह विदेशों में स्कूलों के बदले Convent या Academy शब्द का प्रयोग किया जाता है। हम जिस स्कूल शब्द को पवित्र और आदरणीय मानते हैं, उसका भी अर्थ कोई आदर सूचक नहीं है। कई शब्दकोश में इस स्कूल शब्द को बलपूर्वक कसने के अर्थ में प्रयोग करते हैं। जैसे – "He is Schooling the Screw" लेकिन हम यहाँ इस रूढ़ बने शब्द को विद्यालय के रूप में प्रयोग करते हैं। भारत में विद्यालय, शिक्षालय आदि का प्रयोग किया जाता है और इन विद्यालयों में जो बच्चे पढ़ते हैं, वे संपूर्ण रूप से शिक्षित और दीक्षित बनकर निकलते हैं। वे किसी एक विषय को जानकर नहीं निकलते। वे सभी विषयों का ज्ञान प्राप्त करके, जब बाहर निकलते हैं तो उनका 'दीक्षांत' किया जाता है। मतलब यह व्यक्ति जीवन की दक्षता को प्राप्त कर चुका है। इसलिए हमारे यहाँ शिक्षा के बदले दीक्षा का प्रयोग होता है।

श्रीराम जब गुरु आश्रम में पढ़ने गए तो उन्हें संस्कृत, गणित या कोई एक विषय नहीं पढ़ाया गया, उन्हें जीवन पढ़ाया गया। यही कारण है कि

गुरु ने उन्हें सभी प्रकार की विधाओं का ज्ञान करा दिया।

गुरु गृह पढ़न गए रघुराई।
अल्पकाल विद्या सब पाई।।

उन्हें सभी विषयों का ज्ञान करा दिया गया। अगर आज के विश्व–विद्यालयों की तरह राम को पढ़ाया गया होता तो वे जीवन के संघर्षों से पूरी तरह अवगत नहीं हो पाते। अगर उन्हें संपूर्ण शिक्षा नहीं दी गई होती, सभी विषयों का ज्ञान नहीं कराया गया होता, जीवन के संघर्षों से लड़ने की कला नहीं सिखाई गई होती तो वे 14 वर्षों तक वनवास का संकट कैसे सहते?

कई लोग प्रश्न पूछते हैं कि राम सीता हरण के पश्चात पेड़–पौधों से और पशु–पक्षियों से सीता का पता पूछते हैं। क्या वे पागल हो गए थे? दरअसल राम को वृक्ष, लताओं और पशु–पक्षियों की भाषा का ज्ञान था।

हे खग मृग हे मधुकर श्रेनी,
तुम्ह देखी सीता मृगनयनी।

राम को वृक्षों की भाषा का ज्ञान था। अगर राम को वृक्षों की भाषा का ज्ञान नहीं था तो आज के युग में जगदीश चंद्र बोस वैज्ञानिक ने कैसे कहा कि वृक्ष हँसते और बोलते हैं। इसलिए आज बच्चों को ऐसी शिक्षा की आवश्यकता है जो बच्चों को जीना सिखा दे।

आज जो शिक्षा चल रही है, उसमें सब कुछ है पर जीवन नहीं है। इसी अजीवंतता के कारण आज शिक्षा विफल हो रही है, क्योंकि शिक्षा में न तो कोई जीवन देख रहे हैं, न कोई आकर्षण देख रहे हैं। बच्चे जानना चाहते हैं कि इस शिक्षा को प्राप्त कर उन्हें क्या मिलने वाला है? क्या इस शिक्षा से वह जीवन जीना सीख लेगा? जीवन के संकटों पर विजय प्राप्त करना सीख लेगा? क्या वह इस शिक्षा से तनाव, चिंता, असफलता से मुक्त हो सकेगा? क्या इस शिक्षा को जान लेने पर उसे जीवन जीना आ जाएगा? वह व्यवहार–कुशल बन जाएगा?

मैंने सुना है कि किसी राष्ट्रीय स्तर की परीक्षा का इंटरव्यू चल रहा था। बड़े–बड़े पढ़े–लिखे लोग इंटरव्यू देने आए थे। उनसे पूछा गया कि बताइए सामने से एक बैल आ रहा है, गिर जाता है, गिरने के कारण

उसका ऊपर का दांत टूट जाता है, आप वहां खड़े हैं आप बताएँ कि उसका क्या इलाज करेंगे? सभी लोग अपने–अपने ढंग से उत्तर देने लगे लेकिन किसी ने यह नहीं कहा कि बैल के ऊपर के दाँत होते ही नहीं हैं। कुछ लोगों को तो यह भी पता नहीं होता कि दही कैसे जमता है? गेहूँ कब बोया जाता है? अरवा चावल और उसना चावल में क्या अंतर है? क्योंकि उनके सिलेबस में केवल डाटा भरा हुआ है। कुछ लोगों को तो यह भी पता नहीं होता कि दूध से क्या–क्या पदार्थ बनता है। सब्जियाँ कितने प्रकार की बनती हैं। यहाँ तक कि हम पानी कैसे पियें? भोजन कैसे करें? सोएँ कैसे? इसका भी ज्ञान नहीं है। इसलिए बच्चों को इस बात का ज्ञान हो चुका है कि अब तक जो शिक्षा उन्हें दी जा रही थी, वह मरी हुई है और मरी हुई शिक्षा से जीवन नहीं मिल सकता है।

विज्ञान कहता है जब दो जीवित वस्तुएँ मिलती हैं तो तीसरा जीवन उत्पन्न होता है। ठीक उसी प्रकार जब शिक्षक और छात्र का मिलन होता है तो जीवित विज्ञान उत्पन्न होता है। इसलिए आज नई पीढ़ी के लोग ऐसी शिक्षा की प्रतीक्षा में हैं, जो जीवन में आकर्षण पैदा कर सके, जीवंतता प्रदान कर सके और जीवन को रागपूर्ण, रसपूर्ण और आकर्षक बना सके। वे वर्षों से कक्षाओं के बंद कमरों में बैठे–बैठे ऊब चुके हैं। वे चाहते हैं कि प्रकृति के उन्मुक्त वातावरण में नाचते हुए, खेलते हुए, गीत गाते हुए, प्रकृति के साथ एकरूपता बनाकर प्रकृति को समझ सकें। वे बंद कमरों से ऊब चुके हैं। वे बंद कमरों के कारखानों से बाहर निकलना चाहते हैं। इन बंधनों से मुक्त होना चाहते हैं। इसलिए वे नई शिक्षा की प्रतीक्षा कर रहे हैं।

22. नई शिक्षा–नीति के प्रमुख बिंदु

पिछले अनेक वर्षों के सतत प्रयास से नई शिक्षा–नीति के अनुरूप शिक्षाविदों ने प्राथमिक कक्षाओं से लेकर विश्वविद्यालय तक की शिक्षा पर विस्तृत प्रारूप तैयार किया है। माननीय प्रधानमंत्री श्री नरेंद्र मोदी जी के मार्ग–निर्देशन में यह शिक्षा–नीति तैयार हुई है। सैकड़ों पृष्ठों में इसका प्रारूप तैयार किया गया है। उनमें से मैंने थोड़े से महत्त्वपूर्ण बिंदु एकत्र किये हैं, जिनकी चर्चा मैं यहाँ करना चाहता हूँ। संपूर्ण प्रारूप को जानने–समझने के लिए उसे अलग से पढ़ना पड़ेगा। लेकिन मैं प्राइमरी से लेकर +2 तक के छात्र–छात्राओं के लिए जो आवश्यक निर्देश हैं, केवल उन्हीं बिंदुओं पर यहाँ चर्चा कर रहा हूँ। मैं पहले ही कह रहा हूँ कि मैंने जो उचित समझा है और माननीय प्रधानमंत्री जी के भाषण से जो संग्रह कर सका हूँ, उन्हीं बिंदुओं पर क्रमवार चर्चा कर रहा हूँ–

1. शिक्षा को मनोरंजक बनाएँ : नई शिक्षा–नीति में इस बात पर विशेष बल दिया गया है कि शिक्षा को अधिक से अधिक मनोरंजक, मोहक और आकर्षक बनाया जाए क्योंकि अब तक जो शिक्षा चल रही है, वह अव्यावहारिक, Boring और भार स्वरूप बन गई है। जिस कारण यह पढ़ाई से अधिक मानसिक दबाव देने वाली, प्रताड़ित करने वाली, डराने वाली और Taxing बन गई है। यही कारण है कि स्कूलों में 100 बच्चे पढ़ने जाते हैं और उनमें से 92 बच्चे स्कूल छोड़ देते हैं। मनोवैज्ञानिकों का मानना है कि अगर इन्हें पढ़ना नहीं होता तो पहले दिन ही स्कूल नहीं जाते, लेकिन जिस उत्साह से बच्चे पढ़ने जाते हैं, उससे लगता है कि वह पढ़ना चाहते हैं किंतु वहाँ के मरियल और उबाऊ वातावरण में बच्चों का कोमल मन टिक नहीं पाता और वे भाग जाते हैं।

विदेशों में प्राइमरी कक्षाओं को अधिक से अधिक आकर्षक, Playfull

बनाने के लिए वहाँ सुंदर लड़कियों को लेडी टीचर के रूप में रखा जाता है। अधिक से अधिक खेल–खिलौने कक्षाओं में सजाये जाते हैं और विभिन्न प्रकार की कहानियाँ सुनाई जाती हैं। इसलिए आज से अनेक वर्ष पूर्व Meria Montessory नामक महिला ने Playfull शिक्षा की शुरुआत की थी। अमेरिका में आज भी शिक्षा Education by Play and Education by Stories की पद्धति से चलाई जा रही है, जिससे बच्चे अधिक प्रभावित होते हैं। उन्हें खेल–खेल में और कहानियों के द्वारा शरीर का परिचय, कपड़ों का परिचय, भोजन, परिवार के लोगों का परिचय, पशु, पक्षी और धीरे–धीरे प्रकृति का परिचय कराया जाता है। इससे बच्चों को लगता है कि उन्हें पढ़ाया नहीं जा रहा है, कहानी सुनाई जा रही है और इन कहानियों के माध्यम से बच्चों के मन में धीरे–धीरे गूढ़ और रहस्यपूर्ण शिक्षा उतारी जाती है। आज जो शिक्षा विफल हो रही है, उसका एक ही कारण है कि बच्चे समझ लेते हैं कि कक्षा में जो शिक्षकनुमा व्यक्ति खड़ा है, वह तानाशाह है, अत्याचारी है और जाते ही वह मेरे ऊपर लाठी चार्ज कर देगा।

भारत में पंचतंत्र की कहानी बहुत प्रसिद्ध है। इसमें विष्णु शर्मा नामक एक शिक्षक ने राजा के बिगड़ैल बेटे को पढ़ाया था। राजा का बेटा पढ़ना नहीं चाहता था। जब किसी शिक्षक से उसने पढ़ना नहीं चाहा तो विष्णु शर्मा वहाँ आए और उन्होंने राजकुमार को कहानी सुनाना शुरू किया। राजकुमार कहानी बड़े ही चाव से सुनने लगे। विष्णु शर्मा ने उन कहानियों के द्वारा राजकुमार के जीवन में पूरी की पूरी शिक्षा उतार दी। सच पूछा जाए तो आज हमारे देश में विष्णु शर्मा जैसे लाखों शिक्षकों की आवश्यकता है, जो स्कूल से भागते बच्चों को स्कूलों की ओर मोड़ सकें। आज चंद्रगुप्त के गुरु चाणक्य की आवश्यकता है। समर्थ रामदास एवं शिवाजी की माँ माता जीजाबाई की आवश्यकता है जो बच्चों के जीवन में आनंदपूर्ण क्रियात्मक शिक्षा दे सकें। इसलिए सबसे पहले संपूर्ण शिक्षा तंत्र को आकर्षक बनाने की आवश्यकता है ताकि स्कूल कोई कैदखाना न रहकर खेल का मैदान बन जाए।

आज स्कूलों का वातावरण कैदखाने के समान बन गया है। आप किसी भी स्कूल के सामने सुबह में कैमरा लेकर चले जाएँ व आते हुए

बच्चों को देखें। सभी बच्चे सर झुकाए हुए अपनी पीठ पर दस किलो का बोझ लिए हुए धीरे–धीरे स्कूल की ओर आते दिखेंगे। जैसे वे किसी कैदखाने में जा रहे हों। स्कूल के गेट पर एक बड़ा सा चश्मा लगाए हुए व्यक्ति हाथ में छड़ी लिए खड़ा है। छोटे बच्चे इस खंडहरनुमा व्यक्ति को देखकर कैसा अनुभव करेंगे। बच्चे कक्षाओं में जाते हैं, पांच–छह घंटों तक उन्हें एक ही कक्षा में बंदी बनाकर रखा जाता है। वहॉ उनकी अपनी कोई स्वतंत्रता नहीं होती। हिल–डुल नहीं सकते। मूर्ति की तरह उन्हें कक्षा में बैठा दिया जाता है और शिक्षक वहाँ आते हैं। कठिन से कठिन विषयों को पढ़ाने लगते हैं, उन्हें इस बात से कोई मतलब नहीं है कि बच्चे मानसिक रूप से स्वस्थ हैं या किसी को कोई तकलीफ है। यहाँ तक कि जब वे थोड़ा बहुत हिलते–डुलते हैं तो शिक्षक डाँटते हुए कहता है– 'हिलो मत', बैठे रहो। यहाँ तक कि वह अपनी मर्जी से बाथरूम भी नहीं जा सकता। इन कक्षाओं में उन छोटे बच्चों पर जो मानसिक अत्याचार होता है, उसका अनुमान लगाना मुश्किल है। अधिकांश स्कूलों में तो खेल का मैदान भी नहीं है और न वहाँ खेलने का कोई सामान है। इस वातावरण में प्राइमरी क्लास के बच्चों को पढ़ने के लिए कहा जाता है। जो बच्चे डरे हुए हैं, सिकुड़े हुए हैं, भयभीत हैं, जिन्हें बोलने तक की मनाही है। कई अंग्रेजी स्कूलों में तो होंठ पर उंगली रख कर चलना पड़ता है। इतने प्रतिबंधों के बीच में बच्चों को पाँच–छह घंटों तक कैद करके रखा जाता है। ऐसे परिवेश में पढ़ाई जैसी क्रियात्मक वृत्ति को कैसे विकसित किया जा सकता है।

रूस के वैज्ञानिकों ने एक बड़ा मोहक प्रयोग किया। उन्होंने गाय को दुहते समय हरी–हरी घास खिलाना शुरू किया, मधुर संगीत बजाना शुरू किया, उनका मानना है कि मोहक वातावरण होने पर गाय अधिक दूध देती है। उसी प्रकार बच्चों को पढ़ाने के पहले उन्हें हँसाया जाता है, खेलाया जाता है, प्रेयर किया जाता है ताकि बच्चों के मन की कुंठा टूट सके। उनके घर में अगर कोई परेशानी है तो वे उनका विस्मरण कर सकें और हँसते–खेलते पढ़ाई कर सकें। इसके लिए कई देशों में प्राइमरी शिक्षा को काफी आकर्षक और मोहक बनाया गया ताकि बच्चे स्नेहपूर्ण वातावरण में कुछ सीख सकें।

दरअसल तनावपूर्ण वातावरण में छोटे–छोटे बच्चे कभी भी पढ़ नहीं सकते। मनोविज्ञान मानता है कि आजकल छोटे बच्चे भी तनावग्रस्त होने लगे हैं और तनावग्रस्त बच्चों के मन पर जब कोई दबाव रहता है तो उनका Receptive Cells नहीं खुलता। ऐसी परिस्थिति में उन्हें किसी भी प्रकार की शिक्षा नहीं दी जा सकती है, क्योंकि तनाव में कोई भी बात समझ में नहीं आती। डरा हुआ व्यक्ति कभी कुछ सीख नहीं पाता। यही कारण है कि जब बच्चे स्कूल आते हैं तो डरे, सहमे रहते हैं। उसी बच्चे की जब छुट्टी होती है तो वे बेंच को तड़पते हुए, कूदते हुए, स्कूल से बाहर निकलते हैं। इसका एक ही कारण है कि अब इन बच्चों को कैदखाने से मुक्ति मिली है। बच्चा एक ही है। स्कूल आते समय वह दूसरा था और उस स्कूल से लौटते समय वह दूसरा बन गया है। इस गंभीर विषय पर आज तक किसी शिक्षाविद ने प्रश्न नहीं उठाया। हमारी शिक्षा व्यवस्था गिरती रही, बच्चे स्कूल से भागते रहे और हम कहते रहे कि बच्चे पढ़ना नहीं चाहते हैं। प्रश्न है कि अगर बच्चे पढ़ना नहीं चाहते तो पहले दिन इतना सज–धज कर हँसते हुए मम्मी–पापा को बाय–बाय करते हुए स्कूल क्यों आएं। दरअसल वह तो आया था यह जानकर कि वहाँ खेलने का, मित्रों से मिलने का, कहानी सुनने का, मौका मिलेगा। लेकिन जब वह क्लास में छड़ी लेकर किसी अजनुमा व्यक्ति को घुसते देखा तो वह भयभीत हो गया। अब वह पढ़ेगा कैसे?

23. शिक्षक के हाथ में छड़ी नहीं, गुलाब का फूल चाहिए

दरअसल आज का परिवेश और बच्चों की मानसिकता पूरी तरह बदल चुकी है। अब बच्चे केवल किताब पढ़ने के लिए स्कूल नहीं जाते। किताब तो वे घर पर भी पढ़ सकते हैं, वहाँ वे जाते हैं खेलने, मित्रों से मिलने और कुछ सीखने। जब उन बच्चों को वहाँ वैसा कुछ नहीं मिलता तो वे भी समझ जाते हैं कि इस स्कूल में आने जैसा कुछ नहीं है। इसलिए माननीय प्रधानमंत्री जी ने सबसे पहले नई शिक्षा में इस बात पर जोर दिया है कि स्कूलों को आकर्षक, Playfull और क्रियात्मक बनाएँ। जो बच्चों को क्रियात्मक बनने की प्रेरणा दे सकें।

इसके लिए एक महत्त्वपूर्ण बात यह है कि पहले स्कूलों में पढ़ने जैसा वातावरण बनाया जाए फिर आकर्षक शिक्षकों को नियुक्त किया जाए जो बच्चों के साथ खेल सकें। आज गंभीर मुद्रा में प्रवचन करने वाले शिक्षकों की आवश्यकता नहीं है। खेलने वाले शिक्षकों की आवश्यकता है।

24. व्यावहारिक शिक्षा की अनिवार्यता

बच्चों के लिए ऐसी शिक्षा–पद्धति विकसित की जाए कि जो आकर्षक हो, जिसमें बच्चों के शरीर, कपड़े, भोजन, आहार, व्यवहार, स्वास्थ्य और सुरक्षा की चर्चा हो। बच्चों को ऐसी शिक्षा की आवश्यकता है जो शुरू से ही, वर्ग 1 से लेकर आगे तक की ऐसी शिक्षा–पद्धति हो जो बच्चों को सिखा सके कि अपने शरीर की सफाई कैसे करें, अपना दैनिक कार्य कैसे करें; उसे भोजन करना आना चाहिए। भोजन कैसे करें, पानी कैसे पिएँ, हाथों की सफाई कैसे करें। उन्हें इस बात का भी ज्ञान होना चाहिए कि अपना कपड़ा और स्कूल ड्रेस कैसे पहने। जूता का फीता कैसे लगाएँ, टाई कैसे बाँधे। ऐसी कुछ प्राथमिक बातें जो बच्चों को शुरू से ही सिखाया जाना चाहिए। जब बच्चे अपने शरीर और परिवार से जुड़ जाएँ, एक दूसरे का आदर करना सीख जाएँ, तब उन्हें खेलाने और पढ़ाने का प्रयास करना चाहिए। शुरू में जैसी आदत माता–पिता अपने बच्चों को लगा देते हैं, वही आदत जीवन भर बनी रहती है। ईश्वर की प्रार्थना करना, बड़ों को प्रणाम करना, परिवार के लोगों का आदर करना, बच्चों के जीवन की महत्त्वपूर्ण घटना होती है। उसे सिखाया जाना चाहिए कि उंगलियाँ कितनी होती हैं। शरीर में कौन–कौन अंग हैं, कपड़ों के नाम, जानवरों के नाम, फल–सब्जी के नाम, मित्रों के नाम, वस्तुओं की गिनती करना, उससे संबंधित बच्चों से प्रश्न पूछना, यह सब प्राइमरी कक्षाओं में ही सिखाया जाना चाहिए।

25. आत्मविश्वास

छोटी अवस्था में ही बच्चों में आत्मविश्वास पैदा करना चाहिए। माता–पिता एवं शिक्षक का दायित्व है कि बच्चों को भयभीत न होने दें। अंधेरी रात में डराने के बजाय वहाँ प्रकाश पैदा करके बच्चों को भयमुक्त करना चाहिए। भूत–प्रेत की झूठी कहानियों से अलग रखना चाहिए और समय–समय पर बहादुर लोगों की कहानियाँ सुनानी चाहिए। और, सबसे महत्त्वपूर्ण है कि उसे आत्मनिर्भर बनाने का प्रयास करना चाहिए। माता–पिता हमेशा यह भूल करते हैं कि अपने बच्चों को कोई काम नहीं करने देते। उनका सारा काम माँ कर देती है। यह बहुत बड़ा अपराध है। अगर बच्चा कहता है कि "माँ मुझे प्यास लगी है" तो माँ को चाहिए कि बच्चे को बता दे कि वहाँ ग्लास रखा है, तुम जाओ, स्वयं पानी पियो और मेरे लिए भी लेते आना। इससे बच्चे कर्मशील बनते हैं। उन्हें काम करने की प्रेरणा मिलती है।

एक कहावत है : Parents cannot commit the greater sin than by allowing their children to have nothing to do.

माता–पिता इससे बड़ा अपराध और नहीं कर सकते कि वे अपने बच्चों को निकम्मा बनने दें। बचपन में बच्चों को जैसी आदत दिलाई जाती है, जीवन भर वे उसी आदत का पालन करते रहते हैं। इसलिए बच्चों के बचपन को क्रियात्मक बनाने में माता–पिता का बड़ा महत्त्वपूर्ण योगदान होता है। इसलिए कई लोग बचपन में किसी कारण से 10 दिन बाएँ हाथ से काम करने लगते हैं तो जीवन भर बाएं हथ्था (Leftist) बने रहते हैं। कई लोग बीड़ी, सिगरेट के आदी हो जाते हैं। इसीलिए बचपन को सुधारना और उसे क्रियात्मक बनाने का प्रयास करना महत्त्वपूर्ण है।

नई शिक्षा–नीति में इस बिंदु पर अधिक जोर दिया गया है ताकि बचपन से ही बच्चों में अच्छी आदतें पनप सकें। यही वह अवस्था है, जब बच्चों में जिज्ञासा पैदा होती है। वे कभी चाँद के बारे में पूछते हैं तो कभी पशु–पक्षियों के बारे में पूछते हैं। इसलिए आप देखेंगे कि छोटे बच्चे तितली, खरगोश, चूहा, बंदर– इनसे खेलना बहुत पसंद करते हैं। इस अवस्था में जब बच्चों में जिज्ञासा उठे तो उन्हें बहुत ही विवेकपूर्ण ढंग से समझाना चाहिए। जब उनके प्रश्नों का उत्तर मिलना शुरू हो जाता है तो बच्चे और अधिक प्रश्न पूछना शुरू कर देते हैं।

माता–पिता का दायित्व है कि बच्चों के मन में जिज्ञासा पैदा करें। आगे चलकर वे स्वयं अपनी जिज्ञासाओं का उत्तर खोज लेंगे। बच्चों को केवल प्रश्न उठाना सिखाएँ। वे जितना प्रश्न उठाएंगे, उनका ज्ञान उतना गहरा होता चला जाएगा।

दरअसल, आजकल बच्चों की जिज्ञासाओं को बड़ी बेरहमी से मारा जाता है। अयोग्य शिक्षक बच्चों के प्रश्नों को डाँटकर हटा देते हैं। कई बार तो बच्चे पूछते हैं कि ऊपर जो चाँद खिला है, वह क्या है? तो उन्हें बता दिया जाता है कि "चंदा मामा दूर के" दरअसल उस व्यक्ति को स्वयं पता नहीं है कि वह 'चाँद' क्या है? इसलिए उसे दूर का मामा बता दिया जाता है।

मनोवैज्ञानिकों का अनुमान है कि प्रतिदिन हमारे मस्तिष्क में हजारों प्रश्न और जिज्ञासाएँ उठती हैं। उन प्रश्नों का उत्तर अगर हम खोज लेते हैं तो बहुत कुछ हम सीख लेते हैं और अगर उन प्रश्नों को टाल देते हैं तो बहुत प्रश्न यूँ ही हमारी अज्ञानता के नीचे दब जाते हैं। इसलिए बच्चों को उसी अवस्था में प्रश्न उठाने की प्रेरणा देनी चाहिए। मनोविज्ञान मानता है कि 4 वर्ष से लेकर 7 वर्ष की अवस्था तक बच्चा अपने जीवन में आने वाले सभी प्रश्नों को जान लेता है। बच्चों के जीवन में 7 का बहुत महत्त्व है। 7 के बाद 14 फिर 21 और तब 28, मनुष्य के जीवन में इन वर्षों में महत्त्वपूर्ण घटनाएँ घटती हैं।

26. होनहार बिरवान के होत चिकने पात

गाँव में कहावत है कि बचपन में ही पता चल जाता है कि आगे चलकर इसका भविष्य क्या होगा? भगवान श्रीकृष्ण गीता में कहते हैं कि प्रत्येक व्यक्ति अपनी प्रवृत्ति लेकर पैदा होता है। सतोगुण–तमोगुण–रजोगुण जन्म काल से ही मनुष्य के जीवन को प्रभावित करता है। संभव है, इसी कारण बचपन में कुछ लड़के चंचल होते हैं और कुछ सुस्त होते हैं।

यहाँ तक कहा जाता है कि गाय का बाछा जन्म लेते ही उछलने लगता है और भैंस का पाड़ा 10 दिन के बाद उछलता है। मनुष्य का बच्चा जब जन्म लेता है तो उसे होश में आने में समय लगता है। पशु 15–20 वर्षों में बूढ़ा हो जाता है। लेकिन मनुष्य 15–20 वर्षों तक वयस्क बना रहता है क्योंकि उसे अमूनन 100 वर्षों तक जीना है। इसीलिए बच्चे का विकास धीरे–धीरे होता है।

जीवन में 7 वर्ष का बहुत महत्त्व है। बच्चा 7 वर्ष तक बहुत कुछ सीख लेता है। 14 वर्ष होते–होते वह वयस्क हो जाता है। 21 वर्ष होते ही वह गृहस्थ धर्म में प्रवेश करता है और 28 वर्ष के बाद उसके जीवन में प्रौढ़ता आ जाती है। इसीलिए 7 वर्ष तक के बच्चों पर विशेष ध्यान देने की आवश्यकता होती है ताकि उसके जीवन के अज्ञान और कुंठा को शुरू में तोड़ दिया जाए। आजकल अधिकांश बच्चे कुंठाग्रस्त देखे जा रहे हैं। कुछ बच्चे तो चंचल होते हैं और कुछ कुंठाग्रस्त होते हैं। कुंठाग्रस्त बच्चे चुपचाप बैठे रहेंगे, खेलने में रुचि नहीं रहेगी, पढ़ाई कर नहीं सकते। यहाँ तक कि भूख–प्यास लगने पर खाना भी नहीं माँग

सकते। ऐसे तनावग्रस्त बच्चे जीवनभर नकारा और निकम्मा बने रहते हैं।

कई बार ऐसा देखा गया है कि आपके घर पर अगर कोई मित्र अपने बच्चे के साथ आता है तो आप देखेंगे कि कुछ बच्चे तो आते ही शरारत शुरू कर देते हैं। इधर कप पटका, टी.वी. खोला, सामान को इधर–उधर किया, फिर माता–पिता को डाँटना पड़ता है। कभी–कभी तो चाँटा भी लगाना पड़ता है कि तुम ऐसा क्यों कर रहे हो। कभी–कभी आपका ऐसा भी मित्र अपने बच्चों के साथ आता होगा जिसका बच्चा किसी कोने में दुबककर बैठ जाता है और ऐसा बैठता है कि हिलता–डुलता भी नहीं। इन दोनों बच्चों को देखकर आप निर्णय कर सकते हैं कि इन दोनों की प्रवृत्ति अलग–अलग क्यों है। जो बच्चा चंचल है, उसे लोग 'बदमाश' कहते हैं और जो चुपचाप बैठा है उसे 'अच्छा' लड़का मानते हैं। दरअसल यह जो चुपचाप बैठा है वह बच्चा नहीं है, पदार्थ है, पिंड है, क्योंकि उसमें कोई गतिविधि नहीं है। इसे इलाज की सख्त जरूरत है। किसी मनोवैज्ञानिक से इसका इलाज कराना चाहिए। क्योंकि यह तो बच्चा है ही नहीं। ठोस पदार्थ बना हुआ है। ऐसी प्रवृत्ति से बच्चों को बचाने की आवश्यकता है। आज भी गाँव में ऐसे लोगों की बहुत ही इज्जत करते हैं, जो चंचल स्वभाव के होते हैं। ढीला–ढाला, दीर्घसूत्री, आलसी व्यक्ति को समाज में पसंद नहीं किया जाता है।

नई शिक्षा–नीति में यह संकल्प किया गया है कि बचपन में ही बच्चों की प्रवृत्ति की जाँच की जाए और उसी के अनुरूप उसे आगे की शिक्षा दी जाए। जापान और रूस जैसे देश में बहुत ही बारीकी से बच्चों के बचपन को समझा जाता है और वही लोग तय करते हैं कि भविष्य में बच्चों को क्या शिक्षा दी जानी चाहिए। बचपन में ही उसकी प्रवृति, अभिरुचि और जुगाड़ को देखकर यह निर्णय कर लिया जाता है कि बच्चों को आगे चलकर क्या बनना है? इसका परिणाम यह होता है कि बच्चे अपनी अभिरुचि के अनुरूप आगे की पढ़ाई कर सकते हैं। कई बार बच्चों को माता–पिता के लिए पढ़ाई करनी पड़ती है। पिताजी डॉक्टर नहीं बन सके इसीलिए बेटे को डॉक्टर की पढ़ाई करनी पड़ती है। लेकिन ऐसी पढ़ाई करने वाले अधिकांश बच्चे अपनी पढ़ाई और व्यवसाय से असंतुष्ट बने रहते हैं। उनका जीवन सुखमय नहीं बन पाता

है। इसलिए माता–पिता और अभिभावक का दायित्व है कि बच्चों की अभिरुचि को देखें, उसकी प्रवृत्ति को पहचानें और उसकी प्रवृत्ति के अनुरूप उसे शिक्षा प्राप्त करने की प्रेरणा दें क्योंकि बचपन का यह जो चुनाव है, वह बहुत महत्त्वपूर्ण है। विदेशों में माता–पिता, शिक्षाविदों और मनोवैज्ञानिकों के सहयोग से यह निर्णय करते हैं कि बच्चों का रुझान किस दिशा में है, क्योंकि उसी पर उसका भविष्य निर्भर करता है। हममें से अनेक लोग ऐसे हैं, जो अपने जीवन से हताश और निराश बने रहते हैं। इसका एक कारण यह भी है कि उन्हें बचपन में ऐसा बनने की प्रेरणा नहीं दी गई। अगर उसे क्रियात्मक और आशावादी बनाया गया होता तो, वह कभी उदास नहीं होता, क्योंकि उदास रहने वाला व्यक्ति जीवन में कभी भी सफल नहीं होता। हम लोगों ने शिवाजी की कहानी पढ़ी, उनके पिता की हत्या हो गई थी, उनकी माँ और बच्चा शिवाजी छुपकर जंगल में रहा करते थे। प्रतिदिन शिवाजी की माँ जीजाबाई अपने बेटे को मुगलों द्वारा छीने गये किले को दिखाती थी और कहती थी कि बेटा एक दिन तुम्हें इस किले को जीतना है। ऐसी जो प्रेरणा है, वही मनुष्य को जीवन में सफल बनाती है। इसलिए जीवन में उत्साह पैदा करना, जीवन को आशावादी बनाए रखना महत्त्वपूर्ण है।

मैंने सुना है हिटलर एक गरीब विधवा का बेटा था। उसे गरीब समझकर लोग हमेशा अपमानित करते थे। उसने सोचा कि इस अपमान के बीच में रहकर जीवन जीना संभव नहीं है, क्योंकि यहाँ के लोग उसे गरीब और उपेक्षित समझते हैं। ऐसे विषैले वातावरण में रहना संभव नहीं है, क्योंकि समाज के लोग मनुष्य का मूल्यांकन उसके धन के आधार पर करते हैं। उसने सोचा गरीब रहकर इस मोहल्ले में जीना मुश्किल है। उसने मुहल्ला बदल दिया, जहाँ उसे कोई पहचानता ही नहीं था। प्रतिदिन वह अच्छे कपड़े पहन कर मोहल्ले में घूमने लगा। जैसे वह कोई बड़े परिवार का लड़का है। ऐसा करने से उसके मन में स्वाभिमान जागने लगा। उसने गरीब होने की मनोवृति को छोड़ दिया। वह भूल गया कि वह गरीब का लड़का है। धीरे–धीरे उसका स्वाभिमान जगने लगा। कुछ दिनों के बाद उसने नगरपालिका का चुनाव लड़ा फिर राज्य का चुनाव लड़ा और एक दिन विश्व का सबसे बड़ा तानाशाह बन कर खड़ा हो

गया। इसका एक ही कारण था कि उसने गरीब रहना अस्वीकार कर दिया।

दरअसल गरीबी एक बीमारी है, जो मनुष्य को कमजोर बना देती है। हमारे देश में भी कई लोग गरीब होना अपना स्वाभिमान मानते हैं लेकिन गरीब घर में पैदा होकर, गरीब बने रहना अनिवार्य नहीं है। गरीब पैदा होना अलग बात है लेकिन गरीबी में मरना बहुत ही बड़ी कायरता है। गरीबी का कीटाणु किसी भी व्यक्ति के स्वाभिमान को कुतर कर खा जाता है। इसलिए बचपन में ही बच्चों को स्वाभिमानी बनाने का प्रयास करना चाहिए। बच्चों की कभी भी किसी दूसरे से तुलना नहीं करनी चाहिए, उसे कभी भी यह नहीं कहना चाहिए कि वह लड़का तुमसे अच्छा है। इससे बच्चों के स्वाभिमान को चोट लगती है और वह जीवन भर इस पीड़ा से कराहता रहता है। इसलिए आज आवश्यकता है कि बच्चों के स्वाभिमान को जगाए रखें। उसे किसी का अनुकरण करने की प्रेरणा न दें। उसमें यह विश्वास, बोध पैदा करें कि तुम महान हो, सुंदर हो, तुम कुछ भी कर सकते हो। जीवन में किसी का अनुकरण मत करना और अपने आत्मबल को बढ़ाते रहना। इस तरह का आत्मबोध बच्चों में पैदा करना चाहिए। दरअसल कोई भी बच्चा जब जन्म लेता है तो वह पूर्ण प्रतिभा संपन्न नहीं होता। भगवान श्रीकृष्ण कहते हैं– अच्छी प्रवृत्तियों का अभ्यास करते रहने से बुरी प्रवृतियाँ स्वतः नष्ट हो जाती हैं और मनुष्य शिखर सफलता प्राप्त करता है। इसलिए हमारा दायित्व है कि प्रतिदिन बच्चों के अच्छे गुणों की प्रशंसा करते रहें और उन्हें भविष्योन्मुख तथा आशावादी बनाए रखें।

मनोवैज्ञानिक मानते हैं कि गलत प्रवृत्ति वाले बच्चों को भी उत्साहवर्धक प्रेरणा दी जाए, उसमें स्वाभिमान का बोध कराया जाता रहे तो एक दिन वह स्वाभिमानी बनकर खड़ा हो जाता है। सबसे बड़ा अपराध तो यह होता है कि जब कोई शिक्षक बच्चों को यह कहता है कि तुम नालायक हो, तुम कुछ नहीं कर सकते, इस तरह के गंदे शब्दों से उसके मन को तोड़ा जाता है। मनुष्य को तो अपनी कमी बहुत कम नुकसान करती है दूसरों के Comments दूसरों की निंदा–प्रताड़ना बहुत नुकसान करती है।

मैंने सुना है किसी कुएँ में कुछ मेंढक रहा करते थे। इन मेंढकों ने तय किया कि हमें धीरे–धीरे दीवार के सहारे बाहर निकलना है। यह सूचना बाहर तक पहुँची। भीड़ इकट्ठी हो गई। मेंढक ऊपर निकलने का प्रयास करने लगा। जब कोई मेंढक दीवार के सहारे ऊपर चढ़ने का प्रयास करता तो लोग चिल्लाने लगते–अरे, नहीं चढ़ पाओगे। यह सुन मेंढक फिसल कर गिर जाता। क्योंकि भीड़ तो हमेशा हतोत्साहित ही करती है। लगातार सभी मित्रों ने बारी–बारी से प्रयास किया। सभी ऊपर चढ़ते लेकिन भीड़ की आवाज सुनकर वे गिर जाते। यह क्रम देर तक चला। अंत में एक छोटा मेंढक दीवार पर चढ़ने लगा। लोग बोलने लगे– अरे, तुम क्या चढ़ोगे? बड़े–बड़े मेंढक गिर गए और तुम चढ़ने आ गए। लेकिन वह छोटा–सा मेंढक चलता रहा। धीरे–धीरे वह ऊपर चढ़ गया, बाहर के लोग चिल्लाते रह गए कि तुम से नहीं होगा, लेकिन वह चलता रहा। अंत में लोगों ने इस बात की जाँच की कि यह छोटा–सा मेंढक ऊपर तक चढ़ कैसे गया? तब उस मेंढक से पूछने पर बताया– "भाई साहब, मैं बहरा हूँ। मुझे कुछ सुनाई नहीं पड़ता।" यही उसके सफल होने का रहस्य था। समाज में चारों ओर जो भीड़ खड़ी है, वह भीड़ माता–पिता की हो, शिक्षक की हो या मित्रों की भीड़; हमेशा हिम्मत तोड़ती है। क्योंकि भीड़ स्वयं कुछ कर नहीं सकती, केवल दूसरों का नुकसान कर सकती है। इसीलिए भीड़ की सुनने वाला व्यक्ति कभी सफल नहीं होता। कहा जाता है "You are not a football of others opinion." दूसरों की आलोचना मत सुनो। दूसरों के द्वारा की गई आलोचना बच्चों को अपाहिज बना देती है इसलिए बचपन में ही बच्चों के स्वाभिमान को जगाने का प्रयास करना चाहिए। इसलिए नई शिक्षा–नीति में इस बात पर जोर दिया गया कि बच्चों की प्रवृत्ति के अनुरूप उसे शिक्षा दी जाए। उसे सिखाया जाए कि जो काम अभी करने में असमर्थ हो रहे हो, उसे तुम कर सकते हो। तुम आकाश को छू सकते हो। तुम वीर पुरुष हो, आगे बढ़ते रहो। निश्चय ही सफल बनोगे। ऐसा भाव बच्चों के मन में भरने की आवश्यकता है।

27. शिक्षा को मन और मस्तिष्क से जोड़ना आवश्यक

दरअसल, शिक्षा आंतरिक चेतना का विस्फोट है। प्रारंभ में मनुष्य का अंतर्मन विभिन्न विकारों से आच्छादित रहता है। पूरी तरह अज्ञान, अविद्या और अंधकार से ढँके रहने के कारण मनुष्य का मन और विवेक दोनों सुषुप्त अवस्था में रहता है। इसलिए कई विद्वानों ने कहा कि मनुष्य एक विवेकशील पशु है। Man is a rational Animal इसका अर्थ है उसके पास विवेक है लेकिन पशुता के नीचे दबा हुआ है। पशुता का अर्थ है जो बंधनों में बँधा हुआ हो। इसी पशुता के नाश के प्रयास को शिक्षा कहते हैं। यहाँ शिक्षा के क्षेत्र में दो शब्द प्रयोग में आते हैं। पहला शिक्षा दूसरा दीक्षा। शिक्षा का संबंध मस्तिष्क से है और दीक्षा का संबंध मन से है। इसीलिए शुरू में छात्र विद्यालयों में शिक्षा ग्रहण करने आता है और जब विश्वविद्यालय से बाहर निकलता है तब उसका 'दीक्षांत समारोह' होता है। मतलब वह संपूर्ण रूप से शिक्षित और दीक्षित हो गया है। लेकिन आजकल छात्रों को दीक्षा नहीं दी जाती है, केवल शिक्षा दी जाती है, इसलिए शिक्षा से छात्रों का मस्तिष्क तो जागृत होता है, लेकिन मन जागृत नहीं हो पाता। मन सुषुप्त बना ही रह जाता है। इसका अर्थ है कि छात्रों को बाहर की दुनिया की थोड़ी बहुत तो जानकारी हो जाती है, लेकिन अंतर्मन सोए रहने के कारण वह संवेदनशील नहीं हो पाता। इसलिए स्वामी विवेकानंद कहते हैं कि तुम जागो, उठो और बुद्धत्व को प्राप्त करो। आजकल मनुष्य जगा हुआ दिखता जरूर है, लेकिन वह जगा हुआ सोया रहता है। वह होशपूर्ण कभी नहीं बन पाता।

महाभारत की घटना है कि गुरु द्रोणाचार्य ने धर्मराज युधिष्ठिर को कहा कि "सत्य बोलो।" सभी भाइयों ने इस वाक्य को याद करके सुना

दिया। लेकिन युधिष्ठिर ने कहा "गुरुदेव, इसे मैं याद नहीं कर सका।" कई दिनों तक युधिष्ठिर यही कहता रहा कि मुझे याद नहीं है। सभी लोग कहते हैं, इतना छोटा वाक्य याद नहीं हो रहा है। युधिष्ठिर कहता है, याद करने की कोई बात नहीं है, मैं सत्य बोलने का संकल्प कर रहा हूँ ताकि यह वाक्य मेरे जीवन में उतर जाए। जीभ से याद करना महत्त्वपूर्ण नहीं है। मैं सत्य बोलूँगा, यह महत्त्वपूर्ण बात है। आजकल लोग बड़ी आसानी से विज्ञान के बड़े–बड़े नियमों और सिद्धांतों को याद कर लेते हैं, लेकिन उन शब्दों को जीवन में उतार नहीं पाते हैं। न्यूटन ने कहा कि वृक्ष से सेब पृथ्वी के आकर्षण के कारण गिरता है। गेंद को जितना वेग से फेंकोगे उतना ही वेग से लौटेगा। यह अनुभव न्यूटन का है। किसी छात्र ने इसका अनुभव नहीं किया। छात्र का मस्तिष्क सक्रिय है, लेकिन इस वाक्य को जब तक वह स्वयं अनुभव नहीं करेगा तब तक उसका मन इसे स्वीकार नहीं करेगा। जब शिक्षा मन तक पहुँच जाती है, तभी छात्रों के जीवन में उतर पाती है। जब शिक्षा मन से जुड़ जाती है तो छात्रों का जीवन परिवर्तित हो जाता है। यही Transformation है। मनुष्य के पास मस्तिष्क भी है और मन भी है। मस्तिष्क से वह सूचना संग्रह करता है और मन से उस सूचना को जीवन में धारण करता है। जब तक सूचना मस्तिष्क के क्षेत्र में रहती है, तब तक वह मात्र खबर होती है और इस खबर से जीवन में कोई लाभ नहीं होता, क्योंकि शिक्षा का अर्थ है अज्ञान से प्रकाश की ओर यात्रा करना। अंतर्मन की चेतना को प्रकाशपूर्ण कर देना।

"तमसो मा ज्योतिर्गमय"–अंधकार से प्रकाश की ओर यात्रा। लेकिन यह यात्रा तभी संभव हो पाती है, जब छात्र के जीवन की विकृतियों का नाश हो गया हो। जब तक छात्र कुंठाग्रस्त है, वह अपनी विकृतियों से घिरा हुआ है, तब तक वह यात्रा पर नहीं निकल सकता। इसके लिए आवश्यक है कि पहले यह पता चल जाए कि छात्र के मन की कुंठा कितनी गहरी है। जैसे डॉक्टर पहले बीमारी की जाँच करता है, उसका डायग्नोसिस करता है, तब इलाज करता है। ठीक उसी प्रकार गुरु का धर्म है कि पहले वह छात्र की विकृतियों, उसकी कुंठाओं को जाने फिर उन कुंठाओं पर प्रहार करे। जब तक छात्र की कुंठाओं और विकृतियों

का ज्ञान गुरु को नहीं होता, तब तक गुरु की पढ़ाई का कोई असर छात्र पर नहीं होता। अब तक जो शिक्षा दी जा रही है, वह एक ही तरह की शिक्षा सभी बच्चों को दी जा रही है। इस भीड़ में पता लगाना मुश्किल है कि किस छात्र को कैसी शिक्षा चाहिए। बच्चों की प्रवृत्ति और रुचि को जाने बिना कुछ पढ़ा देने का फल यह होता है कि गणित पढ़ने वाले छात्र को अगर साहित्य पढ़ाया जाता है तो वह पढ़ाई बेकार हो जाती है, क्योंकि प्रत्येक छात्र की रुचि अलग–अलग होती है। एक ही पद्धति से बिना उसकी प्रवृत्ति जाने पढ़ाना निरर्थक प्रयास होता है। रवीन्द्रनाथ टैगोर को अगर गणित पढ़ाया जाता, भाभा को साहित्य पढ़ाया जाता, गावास्कर और तेंदुलकर को कविता लिखने की विधि बताई जाती तो हमारा देश इन विभूतियों से वंचित रह जाता। इसलिए बच्चों की प्रवृत्ति को जानकर ही प्रयास करना चाहिए। आज तक हमारी शिक्षा–नीति इसलिए विफल होती रही है कि हम बिना सोचे–समझे तेंदुलकर को कविता लिखना सिखा रहे हैं और दिनकर जैसे लोगों को विज्ञान का सिद्धांत पढ़ाने का प्रयास कर रहे हैं।

शिक्षा में सबसे बड़ी भूल यही हो रही है कि जिस व्यक्ति को हम शिक्षा देना चाहते हैं, पहले उसकी पहचान नहीं कर पाते। क्योंकि जिन बच्चों की प्रवृत्ति कलात्मक है, वह गीत गाना चाहता है, कविता, कहानी और साहित्य पढ़ना चाहता है, उसे अगर विज्ञान पढ़ाया जाए तो कैसे सफलता मिलेगी। अगर हम चाहते हैं कि बच्चों में सही शिक्षा उतरे तो प्राथमिक कक्षा में बच्चों की प्रतिभा और उसकी अभिरुचि की जाँच हो। फिर उसी के अनुरूप उसे पढ़ाया जाए। इसलिए पात्रता की जाँच पहले होनी चाहिए। हमारे यहाँ समूह में बच्चों को पढ़ाया जाता है और समूह में व्यक्ति की प्रतिभा की जाँच नहीं होती। एक वर्ग में 40 बच्चे बैठते हैं। सबों की अलग–अलग प्रतिभा होती है। उनमें कोई खेल के क्षेत्र में प्रतिभाशाली बन सकता है, कोई चित्रकार या मूर्तिकार बन सकता है। उनमें कोई वैज्ञानिक, तो कोई नेता बन सकता है। इन सबों को अगर एक साथ पढ़ाया जाए तो साहित्य के छात्र हैं, खिलाड़ी हैं, या अन्य विधा में रुचि रखते हैं तो साइंस के क्लास में उनका समय नष्ट होगा और साइंस के बच्चों को साहित्य के वर्ग में बैठा दिया जाए तो उनका समय

नष्ट होगा। इस दुविधा में आज लाखों बच्चे भटक रहे हैं। मेरे एक बहुत ही प्रिय मित्र हैं जो आई.पी.एस. हैं। उन्होंने मुझे एक दिन बताया कि मैं आई.पी.एस. बनना नहीं चाहता था। अकस्मात बन गया। मैं प्रोफेसर बनना चाहता था, किताब लिखना चाहता था। उनका कहना था कि उनका जीवन गलत दिशा में गलत परामर्श के कारण नष्ट हो गया। यही बात आज लाखों युवकों के साथ हो रही है। स्कूल अथवा कॉलेज में बच्चों को मन के अनुरूप शिक्षा नहीं दी गई। कोई प्रतिभाशाली खिलाड़ी क्लर्क बन जाता है तो कोई क्लर्क शिक्षक बन जाता है। कई बार तो ऐसा भी होता है कि किसी डॉक्टर को श्रम मंत्री या कानून मंत्री बना दिया जाता है और किसी वकील को स्वास्थ्य मंत्री बना दिया जाता है। जब तक रुचि के अनुरूप बच्चों की पढ़ाई स्थिर नहीं की जाएगी तब तक बच्चों की प्रतिभा को उचित मार्ग निर्देश नहीं दिया जा सकता।

मैं अपनी बात कहता हूँ। जब मैं आठवीं क्लास में गया तो उस समय साइंस, आर्ट्स और कॉमर्स में किसी एक में पढ़ना पड़ता था। मेरे सभी मित्रों ने साइंस में अपना नाम लिखा लिया। इसीलिए मैं भी साइंस में चला गया। कई दिनों तक न मुझे गणित समझ में आता था और न विज्ञान। फिर क्लास टीचर ने मुझे कहा कि तुम साइंस मत पढ़ो। आर्ट्स में चले जाओ। आज मैं सोचता हूँ कि मेरे कई मित्र जिनमें साइंस पढ़ने की प्रतिभा नहीं थी फिर भी किसी के कहने पर साइंस पढ़ते रहे, जिस कारण वे मैट्रिक तक भी नहीं पढ़ सके और जीवन की दौड़ में विफल हो गए। मुझे किसी ने मार्ग बता दिया मैं आर्ट्स में चला गया। अगर साइंस पढ़ा होता तो मैट्रिक पास भी नहीं करता। इसीलिए मेरा परामर्श है कि बच्चों के भविष्य–निर्माण में शिक्षक की भूमिका बहुत ही महत्त्वपूर्ण है। इसी में जो भूल होती है, इसी के कारण आज लाखों युवक–युवतियाँ उचित मार्गदर्शन के अभाव में भटक रहे हैं।

इसलिए मन और मस्तिष्क दोनों का पोषण होना चाहिए। मस्तिष्क की प्रखरता से गणित एवं विज्ञान की समझ बढ़ती है और मन की सफलता से जीवन में आकर्षण बढ़ता है। जीवन में प्रेम और करुणा का विकास होता है। कहते हैं आइंस्टीन को जब सातवीं कक्षा में एडमिशन के लिए स्कूल भेजा गया तो वहाँ के हेड मास्टर ने कुछ जीवन संबंधी

प्रश्न पूछा। आइंस्टीन ने उसका उत्तर नहीं दिया। इस पर हेडमास्टर ने कहा– How You can be admitted, When you don't know How to count your Fingers – यही स्थिति अन्य लाखों बच्चों की होती है। गवास्कर को गीत नहीं आता, कविता नहीं आती, गणित नहीं आता, तो उसके व्यक्तित्व पर कोई फर्क नहीं पड़ता। क्योंकि उसकी प्रतिभा खेल के क्षेत्र में आकाश छू रही है। विश्व प्रसिद्ध 'धोनी' ने बाद में I.A. की परीक्षा पास की। महान धावक 'मिल्खा सिंह' को मैट्रिक पास करना अनिवार्य नहीं था। 'साइना नेहवाल' और 'पीवी सिंधु' को गणित नहीं आता। डांस नहीं आता, तो क्या अंतर पड़ता। अपने क्षेत्र में तो वही शिखर पर खड़ी है। इसलिए आवश्यक है कि मन और मस्तिष्क दोनों का समुचित विकास हो।

नई शिक्षा–नीति में इस बात पर बल दिया गया है कि एक छात्र अगर साइंस पढ़ता है तो उसे आर्ट्स के विषयों का भी ज्ञान होना चाहिए और आर्ट्स के छात्र यह नहीं कह सकते कि मुझे गिनती नहीं आती अथवा साइंस की सामान्य जानकारी भी नहीं आती। इसलिए नई शिक्षा नीति में इस बात पर बल दिया गया कि छात्रों को सभी विषयों की सामान्य जानकारी दी जाए। इसलिए अब आवश्यकता पड़ गई है कि नई नीति के अनुसार जो सिलेबस बनाया जाए, उसमें इस बात का ध्यान रखा जाए कि मनोवृत्ति के अनुसार उन्हें विषयों को पढ़ने का परामर्श दिया जाए। साथ ही जो शिक्षक उन्हें पढ़ाने जा रहे हैं, उनकी इस विषय में पूर्ण दक्षता होनी चाहिए, क्योंकि अयोग्य शिक्षक बच्चों में नई शिक्षा–नीति की मूल भावना को उतार नहीं पाएँगे। अब ऐसे सिलेबस की आवश्यकता पड़ गई है, जिससे मन और मस्तिष्क दोनों विकसित हों।

28. स्मरण-शक्ति बढ़ाने का प्रयास

पढ़ाई में स्मरण शक्ति की तीव्रता का बहुत महत्त्व है। शिक्षा की सफलता और असफलता इस बात पर निर्भर करती है कि जो कुछ भी बच्चों को पढ़ाया जाए उसे बच्चों ने स्मरण कर लिया। बिना स्मरण किए पढ़ाई का कोई महत्त्व नहीं है। पढ़ाई में बहुत बात कही जाती है, लेकिन उनमें से सभी बातों को बच्चे याद नहीं रख पाते। अनुमानतः 33 प्रतिशत शब्द ही याद रह पाते हैं। लेकिन, यह भी तभी संभव होता है जब बच्चे उस पढ़ाई को ठीक से मस्तिष्क में बैठा लेते हैं। मनोविज्ञान में कहा गया है कि 24 घंटे में लगभग 30,000 विचार मस्तिष्क में आते हैं। उनमें से दो चार ही हम याद रख पाते हैं। याद रखना या भुला देना, इस बात पर निर्भर करता है कि आपने किसी घटना को कितनी गंभीरता से मन में धारण किया है। कक्षा में जब शिक्षक पढ़ाते हैं तो उनकी बातों को बहुत बच्चे ध्यान से सुनते हैं और बहुत कुछ भी नहीं सुनते। इसके दो कारण हैं। एक तो बच्चा पढ़ना नहीं चाहता, दूसरा वह कोई दूसरी बात सोचता है। इसलिए शिक्षा में यह निर्देश दिया गया है कि शिक्षक जब क्लास में जाएँ तो क्लास की मानसिक स्थिति को समझें। बच्चों को समझे बिना पढ़ाई शुरू करना उचित नहीं है। दूसरी बात है कि सफल शिक्षक वह होता है, जो क्लास में जाते ही क्लास को हल्का बना लेता है। बच्चे अगर तनाव में होते हैं या किसी विषय से परेशान होते हैं तो सफल शिक्षक क्लास में अपने व्यवहार से बच्चों को हल्का बना देते हैं। फिर बच्चे उनकी बात सुनने के लिए तैयार हो जाते हैं। इसलिए नई शिक्षा-नीति में कहा गया कि पढ़ाई को मनोरंजक बनाएँ। शिक्षक की योग्यता के कारण बच्चे क्लास में जल्दी उठ जाते हैं, कई शिक्षक क्लास को बोरिंग बना देते हैं, जिस कारण बच्चे उनकी पढ़ाई समझ नहीं पाते।

मनोविज्ञान में कहा गया है कि शिक्षा को बच्चों में तभी उतारा जा सकता है, जब वह आकर्षक हो। इसलिए पहले क्लास को आनंदपूर्ण और प्रफुल्ल बनाने की आवश्यकता है, तभी बच्चे शिक्षक की बात सुनने के लिए तैयार हो सकते हैं।

29. पढ़ाई को समझने की प्रक्रिया

मनोविज्ञान में पढ़ाई को समझने के लिए चार विधियों की चर्चा है।

1. Reading 2. Retention 3. Recall 4. Recognition इसे "Four R" कहते हैं।

1. Reading – जब बच्चे कोई भी चीज पढ़ते हैं तो उस प्रक्रिया को Reading कहते हैं।
2. Retention – इस प्रक्रिया में बच्चे जो भी पढ़ते हैं, उसे अपने मन में धारण करते हैं। अपने मन में उस विषय को बैठाते हैं।
3. Recall – इस प्रक्रिया में जो भी हम पढ़ते हैं, उसे याद करने का प्रयास करते हैं। जो कुछ भी हमने पढ़ा है, उसे पुनः दिमाग में लाना Recall कहलाता है।
4. Recognition – जो कुछ भी हमने पढ़ा उसे याद किया। अब हम उसकी पहचान कर रहे हैं। पढ़े हुए विषय की पहचान कर लेना Recognition है। जब कभी हम किसी चीज को पढ़ते हैं और वह याद नहीं आती अथवा उसकी पहचान नहीं हो पाती तो पढ़ाई निष्फल मानी जाती है।

स्मरण को तीव्र बनाओ– जब हम कोई शब्द या विषय पढ़ें तो बार बार उसका स्मरण करें। पुनः–पुनः दोहराने की कोशिश करें। जैसे 10 लड़कों का नाम हमने याद किया। अब यह प्रयास करना है कि सभी बच्चों का नाम दोबारा बोलने पर याद रहता है कि नहीं अथवा एक क्रम में 10 बच्चों का नाम याद किया। जैसे 'राम' पहला नाम है 'मोहन' अंतिम नाम है। जैसे राम, श्याम, राधा, कृष्ण, गोपी, वृंदावन, महेश, गणेश, दिनेश, मोहन। एक बार हमने राम से शुरू करके मोहन तक नाम बताया, अब मोहन से शुरु करें और पीछे राम तक जाएँ। इसमें देखना है कि कहीं क्रम भंग तो नहीं हो रहा है। इसी तरह 100

की गिनती है। एक से सौ तक हमने गिना। अब 100 से नीचे की ओर एक तक आना है। जैसे 100, 99, 98, 97, 96, ...1 इस तरह एक तक आना है। कभी–कभी बच्चों से भी पूछना चाहिए कि 9 को 3 से गुणा करेंगे तो कितना होगा। जैसे 9 X 3 = 27 फिर 10 X 3 = 30 बीच में कौन सा अंक भरा जाएगा। इस तरह मनोरंजक Counting सिखाने से बच्चे बड़े चाव से पढ़ते हैं।

एक और विधि है बच्चे को गुणा या भाग पढ़ाना। उस अध्याय में 20 भाग के प्रश्न हैं। शिक्षक को चाहिए कि पहले प्रश्न को सुलझा लें। फिर, दूसरे और तीसरे प्रश्न को बच्चे को कहा जाए कि तुम उसे सुलझाओ। बच्चे प्रयास करने लगेंगे। जब इन प्रश्नों का सही या गलत उत्तर ये तैयार कर लेंगे तो ये सारे प्रश्न या उत्तर उनके अपने होंगे। अभी जो अयोग्य शिक्षक होते हैं, वे जब गणित पढ़ाने जाते हैं; अगर वहाँ 20 प्रश्न हैं तो शिक्षक स्वयं 20 प्रश्नों के उत्तर लिखकर बता देते हैं, जिस कारण किसी भी प्रश्न को बच्चा धारण नहीं करता, क्योंकि उसने भागफल निकालने का थोड़ा भी प्रयास नहीं किया। अगर प्रयास करता तो उसका उत्तर खोज लेता लेकिन शिक्षक ने उसे खोजने नहीं दिया। इस कारण बच्चे कभी भी गणित नहीं सीख पाते। सारे प्रश्नों का उत्तर बता देना बच्चों को पराश्रित बना देना है। इसलिए बच्चों को उत्तर खोजने दिया जाए। जब वह उत्तर खोजेगा, तभी वह खोजी बन सकता है। आज गणित का उत्तर खोज रहा है और एक दिन आगे चलकर अंतरिक्ष के रहस्यों को खोजना शुरू करेगा। तभी वह वैज्ञानिक बन सकेगा। इसलिए कभी भी किसी गणित या विज्ञान का उत्तर बच्चों को नहीं बताना चाहिए। वृक्ष ऊपर की ओर क्यों बढ़ता है? चंद्रमा नीचे क्यों नहीं गिरता है। इन प्रश्नों का उत्तर बच्चों को खोजने दो। अगर किसी ने उसका उत्तर बता दिया तो उसने बच्चों के प्रति बहुत बड़ा अपराध कर दिया।

मुझे स्मरण है कि जब मैं कॉलेज में पढ़ाता था तो एक दिन मेरे डायरेक्टर ने मुझे कुछ लिखने को कहा। लिखते–लिखते एक शब्द आया Discrimination इस शब्द का Spelling मुझे याद नहीं था। मैंने सर से कहा कि कृपया बता दीजिए। वे कुछ नहीं बोले उठे, Dictionary निकाली और कहा कि खोजो। मैंने कहा– सर, जब तक खोजूँगा बहुत

समय लग जाएगा। कृपया बता दीजिए कि मैं आगे लिख सकूँ। फिर उन्होंने कहा कि यही कारण है कि आज तक तुम्हें इस शब्द का स्पेलिंग याद नहीं है। कई बार इस शब्द से तुम्हारी भेंट हुई होगी लेकिन तुम टालते रहे। अगर मैंने इसका स्पेलिंग बता दिया तो जीवन भर तुम इस शब्द से अपरिचित रह जाओगे। इसलिए तुम स्वयं खोजो और पाँच बार लिखकर दिखाओ। यह किसी शिक्षक का श्रेष्ठ गुण है कि बच्चों को उत्तर खोजने दें। उत्तर लिखा देने वाला शिक्षक बहुत बड़ा अपराधी होता है।

सफल शिक्षक वही है, जो बच्चों की स्मरण–शक्ति को तीव्र बना दे। जो बच्चा बार–बार किसी विषय को जल्दी–जल्दी बोलने लगे और पूरी–पूरी बात बता दे तो समझ लेना चाहिए कि बच्चे का मस्तिष्क काफी तीव्र हो गया है।

भारत में एक बड़ी ही विलक्षण प्रतिभा का गणितज्ञ हुआ। उसका नाम था रामानुज। वह कठिन से कठिन प्रश्नों का उत्तर तुरंत बता देता था। सुना है, दसवीं कक्षा पास करते–करते उसे टीवी की बीमारी हो गयी। अंग्रेज सरकार ने उस विभूति की रक्षा करने के लिए उसे इंग्लैंड बुला लिया। हॉस्पिटल में उसका इलाज होने लगा। यह खबर मैक्समूलर को लगी। मैक्समूलर रामानुज से मिलने हॉस्पिटल गया। रामानुज धीरे–धीरे बेहोश हो रहे थे। लेकिन उसने मैक्समूलर को कहा कि मैं एक ऐसी विधि गणित की जानता हूँ कि इस कमरे में बैठे–बैठे बता सकता हूँ कि आप जिस गाड़ी से आये हैं, उसका नंबर क्या है?

मैक्समूलर ने जिज्ञासावश जानना चाहा कि वह विधि क्या है? लेकिन तभी रामानुज की साँस बंद हो गई और वह कुछ बोल नहीं सका। इसी को स्मरण की तीव्रता कहते हैं। आज भी टी.वी. पर कई लोग एक साँस में कई शब्द बोल जाते हैं और उसी तरह उसे उल्टा कर भी बोल जाते हैं। अंग्रेजी के शब्द का स्पेलिंग बोलते हैं और फिर उस शब्द का उल्टा स्पेलिंग भी बोल देते हैं। मतलब इस व्यक्ति ने अपनी प्रतिभा को पूर्ण विकसित किया है। अगर इस विधि से बच्चों की स्मरण शक्ति को तीव्र बनाने का प्रयास किया जाए तो बड़ी आसानी से कठिन से कठिन गणित के प्रश्नों को भी बच्चे सुलझा सकेंगे। हमारे

बिहार में भी आरा के वशिष्ठ नारायण सिंह थे, जिन्हें गणित का आचार्य माना गया था। कठिन से कठिन प्रश्नों के उत्तर बता सकते थे। बिहार की इस विभूति को नोबेल प्राइज मिलना चाहिए था। लेकिन अपने ही देश में इनकी पहचान नहीं हो सकी और वे अंधकार में कहीं विलीन हो गए। आज भी गाँव में ऐसे अनेक लोग हैं, जिन्हें एक साथ अनेक बातें याद हैं। नेपोलियन के संबंध में कहा जाता है कि वह एक साथ कई लोगों को Dictation लिखाता था। अलग–अलग विषय पर एक साथ लिखाना किसी साधारण व्यक्ति के वश की बात नहीं है। अपने देश में हमारे राष्ट्रपति डॉ. राजेंद्र प्रसाद विलक्षण प्रतिभा के स्वामी थे। उनके संबंध में कहा जाता है कि एक दिन लोकसभा में 17 पृष्ठों का एक प्रस्ताव पास हुआ, जिसे राष्ट्रपति के पास हस्ताक्षर के लिए भेजा गया। राष्ट्रपति जी ने उसे पढ़ा और कहा कि कल इस प्रस्ताव पर हस्ताक्षर करके भेज देते हैं। संयोग से वह कागज कहीं गुम हो गई। ऑफिस वाले खोजते रहे लेकिन वह कागज नहीं मिली, जब राजेंद्र बाबू को यह पता चला तो उन्होंने अपने पी. ए. श्री बाल्मीकि चौधरी को कहा कि आप लोग घबराएँ नहीं। मैंने उस प्रस्ताव को एक बार पढ़ लिया है, मुझे सब याद है और उन्होंने 17 पृष्ठों के प्रस्ताव को ज्यों का त्यों लिखवा दिया। यह तीव्रता किसी को भी हो सकती है अगर शिक्षक शुरू से ही बच्चों को इसका प्रयास कराएं।

मैंने एक और घटना सुनी है। यहाँ रामलाल नाम का एक व्यक्ति किसी गाँव में रहता था। उसे बहुत बातें याद रहती थीं। कोई भी पुरानी बातें पूछी जातीं तो वे तुरंत जवाब देते। उनकी ख्याति पूरे देश में फैल गई। यह खबर अंग्रेजों को लगी। इस बात की जाँच करने के लिए इंग्लैंड से एक व्यक्ति भारत आया। वह अंग्रेज उससे मिलने गया। बातचीत के क्रम में अंग्रेज ने रामलाल से पूछा पिछले एक जनवरी को आपने क्या खाया था? उसने जवाब दिया एक जनवरी को मैंने खिचड़ी खाई थी। अंग्रेज दंग रह गया। वह इंग्लैंड लौट गया। उसने मान लिया कि रामलाल बहुत ही प्रतिभाशाली व्यक्ति है। लेकिन उसे चैन नहीं आयी। वह रामलाल को हराना चाहता था। वह फिर दूसरे वर्ष भारत आया और रामलाल से मिलने उसके घर गया। जाते ही अंग्रेज

ने रामलाल से पूछा– How are You ? कैसे हो? रामलाल को अंग्रेजी नहीं आती थी। जब अंग्रेज ने कहा, कैसे हो तो वह समझ गया कि यह हमसे पूछ रहा है कि 'कैसे' यानी तुमने खिचड़ी कैसे खाई थी? रामलाल ने जवाब दिया 'चटनी के साथ' मैंने चटनी के साथ खिचड़ी खाई थी। यह उत्तर सुन अंग्रेज लौट गया।

हमारे देश में वेद, पुराण और उपनिषदों को पहले लिखा नहीं जाता था। पूरे वेद को लोग याद कर लेते थे। सुनकर याद करने के कारण उसे 'श्रुति' कहा जाता है। आज भी जो लोग शांत प्रवृत्ति के हैं, उन्हें अपने अनेक मित्रों के नाम, पता और टेलीफोन नंबर याद तक रहते हैं। यह इसलिए होता है कि उन लोगों ने गंभीरता से इन नामों को याद रखा है। आज तो मोबाइल के कारण बच्चे इतने पराश्रित हो गए हैं कि अगर उन्हें कहा जाए कि 4 से 5 को गुना करो तो वे मोबाइल पर गुना करने लगते हैं। नई शिक्षा–नीति में यही प्रयास किया गया है कि बच्चे स्वयं अपनी प्रतिभा को विकसित करें। उन्हें 'रटन्त' विद्या नहीं पढ़ाई जाए। इसके लिए शिक्षा–विशेषज्ञों को कुछ महत्त्वपूर्ण बिंदुओं पर विचार करना चाहिए।

1. पहले बच्चे की अभिरुचि और उसके रुझान को देखकर निर्णय करना चाहिए कि बच्चे क्या पढ़ना चाहते हैं? क्योंकि प्राइमरी क्लास में ही बच्चों का रुझान जान लेने से आगे की पढ़ाई का मार्गदर्शन करने में सुविधा होगी। यही वह काल है, जहाँ पता चल जाता है कि बच्चा मैथमेटिकल ब्रेन का है या कला, संस्कृति, खेलकूद आदि में रुचि रखता है। विदेशों के कई देशों में इस पद्धति को अपनाया जाता है और इसी के अनुरूप बच्चों की पढ़ाई का निर्णय किया जाता है।
2 सही ढंग से शिक्षा को बच्चों में उतारने के लिए आवश्यक है कि जो शिक्षक बच्चों को पढ़ाने जा रहे हैं, वे संपूर्ण रूप से पूर्णकालिक और समर्पित शिक्षक हों। पार्ट टाइम काम करने वाले अथवा किसी मजबूरी में शिक्षक बना व्यक्ति से पढ़वाना उचित नहीं है। क्योंकि अयोग्य शिक्षक बच्चों पर अपनी अयोग्यता की छाप छोड़ देते हैं। कभी–कभी तो शिक्षकों का अज्ञान बच्चों के

मस्तिष्क पर इस तरह चढ़ जाता है कि बच्चे अपनी प्रतिभा भूल जाते हैं और एक नकलची बनकर रह जाते हैं।

नई शिक्षा नीति में मन और मस्तिष्क को विकसित करने की बात कही गई है, लेकिन इसके लिए आवश्यक है कि पहले योग्य शिक्षकों से पढ़वाने की व्यवस्था हो और दूसरा ध्यान रखा जाए कि बच्चों की अपनी प्रतिभा नष्ट न हो।

3. पढ़ाई को प्राकृतिक वातावरण से जोड़ें। रवींद्र नाथ टैगोर ने जब शांति निकेतन की स्थापना की तो उन्होंने वृक्षों के नीचे बच्चों को पढ़ाना शुरू किया। वे मानते थे कि बच्चों को खुले आकाश के नीचे पढ़ाने से बच्चों पर बहुत अच्छा प्रभाव पड़ता है, क्योंकि खुले वातावरण में बच्चे किसी प्रकार के बंधन को महसूस नहीं करते। स्वच्छंद वायु में प्रकृति के बीच बैठकर पढ़ने से बच्चों का मन और मस्तिष्क दोनों विकसित होने लगता है। भारत के जंगलों में स्थित गुरुकुलों में खुले आकाश के नीचे ही छात्रों को पढ़ाया जाता था, जिससे वे प्रकृति से जुड़कर प्रकृति की गोद में बैठकर सभी प्रकार की शिक्षा को ग्रहण करते थे। क्लास में बैठा छात्र स्वयं को बँधा हुआ महसूस करता है। वह खुल नहीं पाता इसलिए आज आवश्यकता है, बच्चों को क्लास रूम से बाहर निकालने की।

30. मुक्ताकाश शिक्षा-योजना

मैंने आज से बीस वर्ष पहले एक शिक्षा–योजना चलाई, नाम– "मुक्ताकाश शिक्षा–योजना"। इस योजना के अंतर्गत बच्चों को खुले मैदान में, चिड़ियाघरों में, नदी के किनारे, पहाड़ों पर, गाँव के खेतों में, पढ़ाया जाता है। आज भी यह विधि चल रही है। नई शिक्षा नीति में इसी बात पर बल दिया गया कि बच्चों को खुले आकाश के नीचे पढ़ाने की व्यवस्था की जाए। आज भी समय–समय पर बच्चे शैक्षणिक भ्रमण Educational Tour के लिए पहाड़ी प्रदेशों में जाते हैं। नई शिक्षा में इसलिए इस बात पर जोर दिया गया कि बच्चों को क्लास रूम से बाहर निकालें और उन्हें पेड़–पौधों, नदी–नालों, खेत–खलिहानों से जोड़ा जाए ताकि वे पशु–पक्षियों से भी परिचित हों, खेत–खलिहानों को देखें–समझें। भारत जैसे कृषि प्रधान देश की मूल भावना से परिचित हो सकें। हम क्लास में पशु–पक्षियों के चित्र लगाकर बच्चों को बताते हैं कि यह गाय है, यह घोड़ा है। जब इन बच्चों को इन जीव–जंतुओं का प्रत्यक्ष दर्शन हो जाता है तो वे स्वतः इनसे जुड़ जाते हैं।

यदा–कदा जब बच्चों को चिड़ियाघर में जाने का मौका मिलता है तो वे बड़े प्रसन्न होते हैं। इसलिए ऐसा प्रावधान किया गया है कि बच्चों को क्लास रूम से बाहर खेत–खलिहानों में, नदी–झरनों और जंगलों में बैठाकर पढ़ाया जाए ताकि उनका मन और मस्तिष्क दोनों विकसित हो सके। साथ ही छात्र के अंतर्मन का प्रकृति से तादात्म्य हो सके। इसलिए क्लास की पढ़ाई और बाहर की पढ़ाई में बहुत अंतर हो जाता है।

शिक्षा को प्रकृति से जोड़ना आवश्यक : प्रकृति के परिवेश में, प्राकृतिक वस्तुओं के बीच में जब शिक्षा–सूत्र का संचालन होने लगता है तो बच्चों के मन–मस्तिष्क पर उसका सीधा प्रभाव पड़ने लगता है।

प्रकृति के बीच में जब भी छात्र और छात्राएँ जाते हैं तो वे प्रकृति से सीधे जुड़ जाते हैं क्योंकि प्रकृति का रमणीक वातावरण बच्चों को अपनी ओर खींचता है। इसलिए गुरुकुलों में जब बच्चे पढ़ने जाते थे तो नदी, नालों झरनों, पशु–पक्षियों के बीच उन्हें आत्मीय वातावरण का बोध होता था। इसलिए गुरुकुल शहर से दूर किसी जंगल या पहाड़ों पर बनाए जाते थे। उसी की परिकल्पना के आधार पर आज भी हील स्टेशनों पर बच्चे जाना पसंद करते हैं, क्योंकि उनका वहाँ मन लगता है। बच्चे जब वैसे वातावरण में रम जाते हैं, घुल–मिल जाते हैं, तब उनके मन पर पढ़ाई का प्रभाव पड़ने लगता है। एक वैज्ञानिक कारण यह भी बताया गया है कि प्रकृति में ऋणायन एवं धनायन, नेगेटिव और पॉजिटिव तत्त्व होते हैं। दूसरी ओर मनुष्य के शरीर में भी ऋणायन और धनायन तत्त्व पाया जाता है। जब मनुष्य का मन और मस्तिष्क प्रकृति के ऋणायन तत्त्वों से मिल जाता है, तो उसे अच्छा लगने लगता है लेकिन जब मनुष्य का जीवन प्रकृति के विपरीत तत्त्वों से मिलता है तो मनुष्य का मानसिक संतुलन बिगड़ जाता है। इसलिए प्रयास किया जाता है कि मनुष्य की अपनी प्रकृति ऋणायन हो, क्योंकि नदी, नाला, झरना, जंगल ऋणायन हैं। इसलिए ऐसे वातावरण में बच्चे अधिक पढ़ना पसंद करते हैं।

क्लास में जो पढ़ाई होती है, वह अप्राकृतिक वातावरण में होती है। वैसे बनाबटी वातावरण में बच्चे रुचि से नहीं पढ़ पाते। इसलिए नई शिक्ष–नीति में इस बात पर बल दिया गया कि बच्चों को कक्षाओं से बाहर निकालो।

पुरातन संस्कृति का ज्ञान आवश्यक : शिक्षा के लिए आवश्यक है कि बच्चों को अपनी पुरातन संस्कृति का ज्ञान कराया जाए। अतीत के ज्ञान से बच्चों को बड़ा लाभ होता है। उन्हें पता चल जाता है कि आज वे जिस वातावरण में खड़े हैं, उसकी जड़ें प्राचीन काल से जुड़ी हैं। अतीत के धरातल पर भविष्य की परिकल्पना उचित है, क्योंकि छात्रों को जब तक पुरानी संस्कृति और संस्कार का बोध नहीं होगा, तब तक वह भविष्य की योजना बना नहीं पाएगा। इसलिए अतीत से भविष्य की यात्रा प्रामाणिक मानी जाती है। भविष्य से अतीत की यात्रा नहीं हो सकती लेकिन अतीत से भविष्य की यात्रा संभव है।

बच्चों को पुराने शिलालेख, पुराने स्मारक इसलिए दिखाए जाते हैं कि उन्हें पता चल सके कि उनका अतीत कितना सामयिक था। इसलिए बच्चों को जब अजन्ता, एलोरा, नालंदा जैसे प्राचीन खंडहर दिखाए जाते हैं तो उनके प्रति बहुत आकर्षित होते हैं। पुराने वृक्षों, नदी, नालों, पहाड़ों के अवशेष को देखकर बच्चों को अपनी पुरातन संस्कृति पर गर्व होता है।

ऐसे वातावरण में खड़ा होकर जब बच्चे उनका परिचय प्राप्त करते हैं तो उनके मन में अनेक प्रश्न उठने लगते हैं। ऐसे वातावरण में बच्चों को छोड़ देना चाहिए कि वे स्वयं उसे देखें और अपने प्रश्नों का उत्तर खोजें। दूसरी ओर जब बच्चों को कक्षाओं में पढ़ाया जाता है तो वहाँ वैसा वातावरण नहीं मिल पाता। स्कूल के वातावरण में कोई स्पंदन, चेतना और जीवंतता नहीं मिलने के कारण बच्चे स्कूल से जुड़ नहीं पाते हैं। कागज पर छपे फोटो दिखाकर पढ़ाने से शिक्षा के प्रति बच्चों के मन में आकर्षण का भाव पैदा नहीं होता। इसलिए नई शिक्षा में यह निर्देश दिया गया है कि बच्चों को पहाड़ों पर ले जाएँ, खेत–खलिहान, नदी, तालाब, जंगल और खुले मैदान में बच्चों को अधिक से अधिक रखा जाए ताकि वे प्रकृति से जुड़ सकें।

शिक्षा के लिए आवश्यक है कि बच्चों को व्यावहारिक शिक्षा दी जाए। उन्हें प्रैक्टिकल नॉलेज प्राप्त करने की सुविधा दी जाए। आजकल की शिक्षा में सबसे बड़ी कमी यही है कि बच्चे किताब तो पढ़ लेते हैं, सूखी हुई सूचना तो प्राप्त कर लेते हैं लेकिन जीवन में आकर्षण पैदा करने वाली, जीवन में प्रेरणा देने वाली शिक्षा वे प्राप्त नहीं कर पाते। जैसे प्रत्येक व्यक्ति भोजन करता है, कपड़ा पहनता है, सड़क पर चलता है, फिल्म देखता है लेकिन उसे यह पता नहीं होता कि भोजन बनता कैसे है? कपड़ा कैसे बनता है? जिस सवारी पर वह चलता है वह कैसे काम करती है? दही कैसे जमता है? सूती कपड़ा, सिल्क, नायलॉन और ऊनी कपड़ा कैसे बनता है? उसे कुछ पता नहीं, अव्यावहारिक शिक्षा के कारण वह कुछ भी जानने से वंचित रह जाता है क्योंकि स्कूलों में उसे व्यावहारिक शिक्षा नहीं दी जाती है।

बच्चे खेल–खिलौने बहुत पसंद करते हैं लेकिन उन्हें इसकी जानकारी नहीं होती कि खिलौने बनते कैसे हैं? मिट्टी के बर्तन कैसे

बनते हैं? इसलिए जीवन को व्यावहारिक बनाने के लिए उन स्थानों पर जाना चाहिए, जहाँ उन वस्तुओं का निर्माण होता है। शहर में जो बच्चे रहते हैं, उनके पास जो सूचना रहती है, वह और अव्यावहारिक होती है। लेकिन, गाँव में जो बच्चे रहते हैं, उनके पास व्यावहारिक ज्ञान होता है; वह जीवन में काम आता है। शहर के बच्चों को पता नहीं होता कि चावल, गेहूँ, दाल कैसे पैदा होती है? लेकिन, गाँव के बच्चों को इसकी पूरी विधि का ज्ञान होता है।

आजकल किताबी शिक्षा से बच्चों को बहुत नुकसान हो रहा है। इसलिए नई शिक्षा–नीति में इसका प्रावधान किया गया है कि बच्चे उन वस्तुओं का पूर्ण परिचय प्राप्त करें जो उनके जीवन में काम आती है। उन्हें पता होना चाहिए कि उनकी गाड़ी का जो ड्राइवर है, वह कैसे काम करता है। किस परिस्थिति में काम करता है। ऑटोवाले, रिक्शावाले जो लोग टैक्सी चलाते हैं, हॉस्पिटल में जो लोग रात–दिन काम करते हैं; उनके बारे में बच्चों को पूरी जानकारी चाहिए। सुरक्षा में लगे हुए पुलिस के लोग, देश की रक्षा में लगे हुए सेना के लोग, भोजन देने वाला रसोइया, पढ़ाने वाले शिक्षक–इन सभी के संबंध में बच्चों को पूरी जानकारी चाहिए। तभी वे व्यवहारकुशल हो सकते हैं, क्योंकि शिक्षा का अर्थ है अपने पूरे वातावरण को जानना। जिस परिवेश में उसके माता–पिता रहते हैं, जिस समाज में वह स्वयं रहता है, उसके जीवन के चारों ओर जो घटनाएँ घटती हैं, उनके बारे में जानने पर बच्चों में व्यवहार–कुशलता आती है। इसलिए न्यूटन का सिद्धांत हो या विज्ञान का कोई भी सिद्धांत हो, उसे अवश्य जानना चाहिए; लेकिन यह भी जानना चाहिए कि हमारा चरित्र, जीवन का दायित्व, हमारा कर्तव्य क्या है? तभी हमारा मन और मस्तिष्क विकसित होगा और हमारे मन में संवेदना जगेगी। हम दूसरों के प्रति प्रेम और करुणा का बोध प्राप्त कर सकेंगे। इसलिए नई शिक्षा–नीति में यह प्रयास किया गया है कि किताबों को अवश्य पढ़ें, लेकिन उससे अधिक जीवन को पढ़ना अनिवार्य है। जीने की कला सीखना अनिवार्य है। आजकल जब बच्चे विश्वविद्यालयों से निकलते हैं तो वे जीवन में कुछ नहीं जानते। वे बड़ी–बड़ी डिग्री लेकर जब बाहर निकलते हैं, तब उन्हें पता चलता है कि जो कुछ भी वे आज

तक सीख रहे थे, उससे वर्तमान जीवन का कोई संबंध नहीं है। उसमें जीवन तो है ही नहीं। वे डिग्री लेकर भटकने लगते हैं। इसलिए नई शिक्षा–नीति में इस बात पर बल दिया गया कि शिक्षा को जीवन की आवश्यकताओं से जोड़ें। बच्चे दूध, दही, मिठाई खाते हैं लेकिन उन्हें पता नहीं होता कि दही, पनीर और छेना में क्या अंतर है। रोटी गोल कैसे बनती है? जिस समाज से हम साधन लेकर जी रहे हैं, उस समाज को हमने क्या दिया? जिस माता–पिता ने हमें पाल–पोसकर बड़ा किया, उनके लिए हम क्या कर रहे हैं। हम आज तक दूसरों से केवल लेते रहे हैं, उन्हें अब तक कुछ दिया नहीं। यह जो अज्ञानता है, नई शिक्षा–नीति में उसी को दूर करने का प्रयास किया गया है। इसलिए नई शिक्षा–नीति को संपूर्ण रूप से व्यावहारिक शिक्षा बनाया गया। बच्चों के मन में जीवन के प्रति मोह पैदा हो सके। शिक्षा में बच्चे पूरी तरह जुड़ नहीं पाते, क्योंकि वर्तमान शिक्षा में उन्हें कोई आकर्षण नहीं दीखता। वे जब अपने सामने लाखों डिग्रीधारियों को उदास, दुखी और बेरोजगार देखते हैं तो उनके मन में शिक्षा के प्रति आक्रोश पैदा होता है। जिस जीवन को सुखी बनाने के लिए वे शिक्षा प्राप्त करना चाहते हैं, उसका कोई उपाय जब शिक्षा में नहीं दिखता तो वे हताश हो जाते हैं, क्योंकि वे मान कर चले होते हैं कि शिक्षा प्राप्त कर वे अपने जीवन को आनंदपूर्ण बना लेंगे। लेकिन, बड़ी–बड़ी डिग्री लेने के बाद भी उनके जीवन में हताशा, निराशा और असफलता बनी रहती है तो वह शिक्षा के साथ–साथ अपने जीवन से भी निराश हो जाते हैं। क्योंकि, मनुष्य को जब सफलता नहीं मिलती तो वह बुरी तरह टूट जाता है। हमारे देश में आज जो बेरोजगारों की संख्या बढ़ती जा रही है, वे सभी काफी पढ़े–लिखे हैं। उन्हें अब तक विश्वविद्यालयों में केवल पढ़ना सिखाया गया। जीवन जीना नहीं सिखाया गया, इसलिए जब वे विश्वविद्यालयों से निकलकर जीवन में प्रवेश करते हैं तो उन्हें कुछ भी पता नहीं होता कि जीवन कैसे जिया जाता है। एम.ए., पीएच.डी. पास करने वाला व्यक्ति जब घर में आता है और जब उसकी माँ अथवा पत्नी कहती है कि बाजार से एक किलो आलू लेकर आओ तो उस व्यक्ति को यह पता नहीं होता कि आलू कहाँ मिलता है और कितने में मिलता है।

मैंने सुना है कि एक दिन एक संभ्रांत महिला अपनी लंबी गाड़ी लेकर पेट्रोल पंप पर पहुँची। उसने गाड़ी में पेट्रोल भरवाया, पेट्रोल का पैसा भी दिया। उस महिला को इस बात से कोई मतलब नहीं था, उसने कितना पेट्रोल लिया और कितना पैसा दिया। बगल में एक पत्रकार पुरानी स्कूटर लेकर खड़ा था। उसने मजाक में मैडम से पूछा– मैडम, क्या आपको पता है कि पेट्रोल कैसे मिलता है? मैडम ने जवाब दिया– मुझे क्या पता, यही कोई दो सौ–तीन सौ रुपये लीटर मिलता होगा। यह घटना बहुत छोटी है, लेकिन हमारे जीवन में भी यही होता है। हम अपने जीवन में कुछ भी उपयोग करते हैं, उनके बारे में भी कुछ नहीं जानते हैं।

दरअसल, आज बच्चों को पढ़ाने से अधिक सिखाने की आवश्यकता है। केवल पढ़ाई से कुछ नहीं होने वाला है। अगर जीवन में सफलता चाहिए तो जीवन को निकट से देखना और समझना होगा। यह जानना होगा कि जीवन को कैसे जियें।

किताबों को कम करो : आजकल बच्चों की किताबों को देखकर दया आती है। पाँच–पाँच साल के बच्चों को दस किलो का बैग पीठ पर लादे जब देखा जाता है तो ऐसी शिक्षा पर शर्म आने लगती है। पाँच साल के बच्चे को बीस किताबें पढ़ने के लिए दी जाती हैं। यह स्कूलों की मर्जी पर निर्भर है कि किस क्लास में कितनी किताबें लगा रहा है। इस पर सरकार का कोई प्रतिबंध नहीं है। जब स्कूल अपनी मर्जी पर किताब का चुनाव करने लगे तो शिक्षा–व्यवस्था को नष्ट होने में कितनी देर लगेगी। होना तो यह चाहिए कि पुस्तकों का चुनाव शिक्षाविदों की कोई समिति करे। सरकारी स्कूल हो या प्राइवेट स्कूल, सभी स्कूलों में एक तरह की पुस्तकों को पढ़ाया जाए। समिति तय करे कि किस वर्ग में किस पुस्तक को पढ़ाना है। तभी पुस्तकों के चुनाव में जो अराजकता है, वह समाप्त हो सकती है। सिलेबस में कम से कम पुस्तक हों और शिक्षक अपनी योग्यता से बच्चों को पढ़ाएँ। उसे व्यवहारकुशल बनाएँ तभी सार्थक शिक्षा को बच्चों के जीवन में उतारा जा सकता है।

शिक्षा को भविष्योन्मुख बनाने की आवश्यकता है : ताकि बच्चे जीवन में नई–नई तकनीक को सीख सकें और नए परिवेश में जीवन के सूत्र को खोज सकें। दरअसल, छात्रों को खोजी बनाने की आवश्यकता

है, जो हमेशा नई चीजों को सीखने के लिए तैयार हों। उसके मन में हमेशा जिज्ञासा पैदा होती रहे। उसके मन में 'क्यों' उठता रहे ताकि उस क्यों की खोज में वह हमेशा लगा रहे। आज आवश्यकता है कि बच्चे स्वयं शिक्षक से पूछें कि ऐसा क्यों हुआ? जब शिक्षक उनके ऐसे प्रश्नों का उत्तर देता है तो बच्चों के मन में एक संतोष पैदा होता है। उसे लगता है कि उसने कुछ सीखा है। जब कभी शिक्षक अपनी मर्जी से बच्चों को पढ़ाता है तो बच्चे उसे स्वेच्छा से स्वीकार नहीं कर पाते। बच्चों को आरोपित ज्ञान नहीं चाहिए, उन्हें अर्जित ज्ञान चाहिए।

मैंने सुना है कि कन्फ्यूशियस नामक एक संत था। उसके आश्रम में जब कोई शिष्य पढ़ने जाता था तो पहले उसे प्रवेश द्वार पर ही घंटों बैठाकर प्रतीक्षा करने को कहा जाता था ताकि यह पता चले कि अगर वह मन से सीखने आया है तो जरूर प्रतीक्षा करेगा। कई लोग तो थोड़ी देर की प्रतीक्षा से भाग जाते थे और जो लोग घंटों प्रतीक्षा के बाद गुरु के सामने जाते थे तो गुरु पहले यह जानना चाहता था कि इस छात्र में कैसी जिज्ञासा है, यह क्या जानना चाहता है? और, जब तक उसके मन के भाव को समझ नहीं लिया जाता, तब तक उसे कैसे पढ़ाया जा सकता है। तो गुरु पहले उस छात्र को समझना चाहता है। उसके लिए गुरु अपने सेवक को कहता था कि इसे खूब शराब पिलाओ ताकि यह बेहोश होकर अपना सही रूप प्रकट कर सके। पीने के बाद छात्र गुरु के सामने सब कुछ उगल देता था। वह क्या चाहता है, वह पढ़ने आया है या किसी दूसरे काम से आया है। पीने के बाद कोई भी व्यक्ति अपनी असलियत छुपा नहीं पाता। जब गुरु को पता चल जाता था कि उस छात्र की जिज्ञासा क्या है, तब वह पढ़ाना शुरू करता था।

आज की नई शिक्षा–नीति में इस बात पर बल दिया गया है कि बच्चे पहले स्वयं पढ़ने के लिए तैयार हों। वे अनुभव करें कि इस शिक्षा से उनका भविष्य सुरक्षित होगा। उसी के अनुरूप अगर पढ़ाया जाता है तो बच्चे का भविष्य निश्चित रूप से उज्ज्वल हो सकता है।

क्रियात्मक शिक्षा आवश्यक है : पिछले अनेक वर्षों से बच्चों को जो शिक्षा दी जा रही है, उस शिक्षा ने सबसे बड़ा नुकसान यही किया कि उसने बच्चों को जीवन से अलग कर दिया। मनुष्य शिक्षा इसलिए

प्राप्त करता है कि उसके जीवन में व्यवहारकुशलता आए। उसका जीवन नैतिक बने। उसे जीवन जीने का तरीका आ जाए। स्वयं के प्रति, परिवार के प्रति, समाज और देश के प्रति उसे कर्तव्य–बोध हो जाए। लेकिन वर्तमान शिक्षा ने उसे सबसे तोड़ दिया। वह अकेला रह गया। न उसे संसार का बोध हो सका और न आत्मबोध हो सका। यही कारण है कि लोग शिक्षा से विमुख होने लगे। शिक्षा के प्रति लोगों के मन में जो आकर्षण था, वह नष्ट होने लगा। जब लोगों ने देखा कि शिक्षा में तो जीवन में सफलता प्राप्त करने का या जीवन को आकर्षक बनाने का कोई तरीका है ही नहीं, तो शिक्षा से लोग भागने लगे।

आज नई शिक्ष–नीति में संपूर्ण शिक्षा को क्रियात्मक बनाने का प्रयास किया गया है। यह प्रयास किया गया कि बच्चों को तार्किक बनने का मौका मिले। वह किसी बात को सीधे स्वीकार न कर ले। उस पर तर्क करे। ऐसा क्यों हुआ? कैसे हुआ? जब वह प्रश्न उठाना शुरू करेगा तो वह अधिक से अधिक क्रियात्मक और तार्किक बन सकेगा। इसलिए क्रिटिकल और क्रिएटिव शिक्षा की बात कही गई है। बच्चों को ऐसी शिक्षा दी जाए जो उसे सोचने की प्रेरणा दे। वह सोचे कि ऐसा क्यों हुआ? जिस दिन उनके मन में 'क्यों' बैठ जाएगा, उसके मन में प्रश्न उठ जाएगा, वह उत्तर स्वयं खोज लेगा। इसलिए आज शिक्षक को चाहिए कि बच्चों को पढ़ाएँ कम, उनके मन में जिज्ञासा पैदा कर दें। केवल पढ़ाये जाने से बच्चों की अपनी प्रतिभा विकसित नहीं हो सकती। जब बच्चे स्वयं उत्तर खोजने लगते हैं तो जो भी उत्तर प्राप्त होता है, वह उनका अपना उत्तर होता है। जैसे बच्चे पूछते हों कि आठ से सात का गुना किया जाए तो कितना होगा। अगर विवेकशील शिक्षक है तो कहेगा कि तुम स्वयं गुना करो। जब वह स्वयं गुना करेगा तो उसका जो उत्तर होगा वह उसका अपना उत्तर होगा। अगर किसी बच्चे ने पूछा कि Discipline का क्या अर्थ होता है तो बहुत आसान तरीका है कि उसे बता दिया जाए कि 'अनुशासन'। लेकिन बताया हुआ उत्तर वह भूल भी सकता है लेकिन जब उसे कहा जाए कि तुम शब्दकोश में खोजो। इस तरह जो उत्तर प्राप्त होगा, वह उसका अपना उत्तर होगा।

व्यक्तिगत अनुभव पर आधारित शिक्षा : पहली बात तो शिक्षा

आरोपित नहीं हो सकती और न नकल करके ही शिक्षा पाई जा सकती है। आजकल हम शिक्षा के नाम पर जो बटोर रहे हैं, वह शिक्षा नहीं है। खबरे हैं, सूचना है। कोई व्यक्ति पढ़ता है और वह आकर बच्चों को बता जाता है। यह सूचना का आदान–प्रदान है। जिस व्यक्ति के पास जितनी अधिक सूचना है, जितना अधिक डेटा उसे याद है, वह उतना बड़ा विद्वान माना जाता है। जबकि टेप रिकॉर्डर से अधिक वह कुछ भी नहीं है।

विज्ञान का नियम है कि दो जीवित व्यक्ति एक तीसरे व्यक्ति को पैदा करता है। शिक्षा में भी वही स्थिति है। शिक्षक और छात्र दोनों जीवंत माध्यम हैं। जब दोनों का मन–मस्तिष्क मिलता है तो विद्या जैसी जीवंत अनुभूति प्राप्त होने लगती है। यह अनुभव तभी संभव है, जब दोनों पक्ष सामने बैठकर इसका अनुभव करते हैं। यह अनुभव किसी तीसरे व्यक्ति के द्वारा कहने पर भी संभव है, क्योंकि जब शिक्षक स्वयं छात्र के मन में उतर जाता है, तभी छात्र के जीवन में शिक्षा का प्रभाव दिखने लगता है। इसलिए शिक्षा कही–सुनी हुई कहानी नहीं है। यह अनुभव है, जिसे छात्र को स्वयं प्राप्त करना पड़ता है। भोजन करने से पेट भर जाता है, पानी पीने से प्यास मिट जाती है लेकिन यह बात तभी अनुभव में आती है, जब छात्र स्वयं भोजन करता है और पानी पीता है। कोई कितना भी कहे पानी पीने से प्यास बुझती है। छात्र इस बात से सहमत नहीं होते। शिक्षा दूसरे के अनुभव पर जब तक आधारित रहेगी, छात्र को इससे कोई लाभ नहीं होगा। अनुभव अपना होना चाहिए। नई शिक्षा नीति में इस बात पर बल दिया गया है कि भाषण देने से, कहानी कहने से शिक्षा जीवन में नहीं उतर सकती है। आज तक की कक्षाओं में जो कुछ भी पढ़ाया जाता है, वह लेखक का अनुभव होता है अथवा शिक्षक का अनुभव होता है। आज की शिक्षा में छात्र कहीं नहीं होता। इसीलिए छात्र को भागीदार बनाना आवश्यक है ताकि वह समझ सके कि जो बात कही जा रही है, वह सही है या गलत। किसी ने कह दिया कि आम मीठा होता है, जब तक छात्र उसे स्वयं अनुभव नहीं करता, तब तक वह सूचना है। जब छात्र आम खा लेता है, तब उसे पता चलता है कि आम मीठा है। नई शिक्षा नीति यही कहती है कि छात्र को जो भी पढ़ाया जाए, उसे

उस विषय का अनुभव प्राप्त हो। जिन बच्चों ने हाथी नहीं देखा, जिर्राफ या कँगारू नहीं देखा, उसे लाख समझाया जाएगा कि कँगारू ऐसे होते हैं, उनका मन इस बात को स्वीकार नहीं कर सकता है। इसलिए बच्चों को क्लास से बाहर निकालने की बात कही गई है। बंद कमरों में एक मरी हुई शिक्षा, सिद्धांत वाली शिक्षा दी जा सकती है। लेकिन अनुभव के आधार पर बंद कमरों में शिक्षा नहीं दी जा सकती है। बच्चों को प्रयोगशाला में प्रयोग करने की विधि बताई जाती है। यह उसी अनुभव का प्रयास है। इसलिए बच्चों के अनुभव के आधार पर शिक्षा देने की आवश्यकता है ताकि बच्चे उस ज्ञान को स्वीकार कर सकें और अपने जीवन में अनुभव प्राप्त कर सकें।

परीक्षा में मार्क्स प्राप्त करना योग्यता का मूल्यांकन नहीं है : आजकल छात्र की योग्यता का मूल्यांकन प्राप्तांक के आधार पर किया जाता है। परीक्षा में दस प्रश्न पूछे जाते हैं। जो छात्र इन दस प्रश्नों का उत्तर दे देते हैं, उन्हें सफल घोषित किया जाता है। जबकि पुस्तक में सौ से अधिक प्रश्न हैं। जिन छात्रों ने दस प्रश्नों का उत्तर दिया, वे ऐसे छात्र हैं जिन्हें 90 प्रश्नों का उत्तर मालूम नहीं है, उनमें से कुछ ऐसे भी छात्र हो सकते हैं, जिन्होंने पूछे गए दस प्रश्नों का उत्तर किसी से पूछ कर लिख लिया हो, क्योंकि पूरी पुस्तक में से केवल दस प्रश्न लिखे गए। इससे यह पता लगाना मुश्किल है कि बच्चे को कितनी जानकारी है? ऐसा भी हो सकता है कि जिस प्रतिभावान छात्र को 90 प्रश्नों का उत्तर मालूम है लेकिन पूछे गए 10 प्रश्नों का उत्तर उसे पता नहीं है तो क्या ऐसे छात्र को अयोग्य माना जाना चाहिए। आजकल यही हो रहा है। किसी भी छात्र की सही योग्यता का मूल्यांकन आज के मार्क्स सिस्टम के आधार पर निर्धारित नहीं किया जा सकता है।

क्योंकि आज की मूल्यांकन–पद्धति में ऐसी कोई विधि नहीं है, जिससे बच्चों की सही योग्यता का ज्ञान प्राप्त हो सके। इसलिए नई शिक्षा–नीति में कहा गया कि किसी एक विषय को जाँचकर बच्चों के पूरे जीवन–चरित्र का मूल्यांकन करना संभव नहीं है। किसी भी व्यक्ति की योग्यता की जाँच के लिए उसे विभिन्न प्रकार के मूल्यांकनों से गुजरना चाहिए। आज कोई व्यक्ति एम.ए., पीएच.डी. कर लेता है और वह चोरी

करते पकड़ा जाता है। इसलिए उसकी डिग्री, उसकी योग्यता नहीं है। उसने चालाकी से डिग्री प्राप्त कर ली। जैसे कई लोग कहते हैं कि वह बहुत ही धनवान व्यक्ति है, पैसे वाला है, इसका अर्थ यह नहीं है कि वह व्यक्ति विचार, नैतिकता और आचरण में भी धनी है। इसलिए किसी भी व्यक्ति का मूल्यांकन सही ढंग से तभी किया जा सकता है, जब उस व्यक्ति का संपूर्ण मूल्यांकन किया जा सके। इसलिए छात्र की प्रतिभा का मूल्यांकन मार्क्स से नहीं होना चाहिए।

मार्क्स प्रेस्टीज कार्ड नहीं है : आजकल माता–पिता भी अपने बच्चों के मार्क्स को अपना प्रेस्टीज बना लेते हैं। कोई बच्चा बहुत अधिक मार्क्स प्राप्त करता है और वह चोर है, उसका आचरण भ्रष्ट है, वह किसी खेल में रुचि नहीं रखता, उसे बोलने नहीं आता, जीवन का अपना कोई अनुभव नहीं है तो ऐसी स्थिति में उसके मार्क्स के आधार पर यह कहना कि बच्चा सर्वगुण संपन्न है, गलत है। बच्चे का ऑल राउंड डेवलपमेंट–सर्वांगीण विकास हो और उसके आधार पर उसका मूल्यांकन हो तभी उसे योग्य माना जाना चाहिए। अभिभावक कृपया मार्क्स को प्रेस्टीज सीट से ना जोड़ें।

शिक्षा को तनावमुक्त बनाने की आवश्यकता : आज सभी क्षेत्रों में शिक्षा को तनावमुक्त बनाने की आवश्यकता है। छात्र अगर तनावग्रस्त है, छात्र अगर टेंशन या डिप्रेशन में हैं तो उन्हें पढ़ाना मुश्किल है। क्योंकि पढ़ाई का पहला नियम है कि छात्र जो कुछ भी पढ़े उस समय उसका Receptive सेल्स (ग्राह्य ग्रंथियाँ) खुला हुआ होना चाहिए। अगर ये ग्रंथियाँ किसी तनाव से बंद हैं तो पढ़ाई का बच्चों में उतारना संभव नहीं है। इसलिए नई शिक्षा में कहा गया है कि पहले बच्चों को तनावमुक्त करो। फिर स्कूलों को तनावमुक्त करो और उसके बाद स्कूल के पूरे वातावरण को तनावमुक्त करो।

Declare The school "A Tension Free Zone" : इसके लिए शिक्षा विभाग का भी दायित्व है कि वह केवल उन्हीं स्कूलों को चलाने की अनुमति दें, जहाँ 'टेंशन फ्री जोन' बोर्ड लगा हुआ हो। आज का स्कूल पूरी तरह कारागृह बन गया है, जहाँ हँसने पर, खेलने पर, बोलने पर कर्फ्यू लगा होता है। ऐसे दमघोंटू वातावरण में बच्चों को पढ़ाना संभव

नहीं हैं। इसलिए शिक्षा को तनावमुक्त क्षेत्र घोषित करना अनिवार्य है।

भाषा : शिक्षा में सबसे महत्त्वपूर्ण होती है–भाषा। क्योंकि भाषा के माध्यम से ही किसी विषय को समझाया जा सकता है इसलिए नई शिक्षा में कहा गया कि बच्चों को अपनी मातृभाषा में शिक्षा देनी चाहिए। जब कभी किसी कठिन विषय को या किसी विषय को बाहर की किसी भाषा में समझाते हैं तो बच्चे उसे समझ नहीं पाते, लेकिन उसी विषय को जब उनकी मातृभाषा में समझाया जाता है तो बच्चे आसानी से समझते हैं। विषय कितना भी कठिन है, लेकिन मातृ भाषा में बोलने पर वह आसानी से समझ में आ जाता है। रवींद्र नाथ टैगोर ने "गीतांजलि" बांग्ला में लिखी, तुलसीदास ने वेद, वेदांग उपनिषदों के कठिन से कठिन दर्शन को आसानी से अवधी में लिखा, जिस कारण पूरे जनमानस में यह आसानी से फैल गया। इसलिए बच्चों को अपनी भाषा में शिक्षा देने की आवश्यकता है। नई शिक्षा–नीति में विस्तार से इसका प्रारूप तैयार किया गया है।

दरअसल, शिक्षा के लिए माता–पिता, शिक्षक और छात्र इन सबों को जोड़ने की आवश्यकता है, क्योंकि छात्र को पढ़ाने में जितने महत्त्वपूर्ण शिक्षक होते हैं, उतने ही महत्त्वपूर्ण माता–पिता भी होते हैं।

शिक्षक पढ़ाते हैं और माता–पिता भूमिका तैयार करते हैं, क्योंकि शिक्षा केवल स्कूलों में ही नहीं होती, घरों में भी शिक्षा को उतना ही प्रभावशाली ढंग से देने की आवश्यकता है।

31. नई शिक्षा–नीति के संबंध में...

शिक्षा, संस्कृति और संस्कार मनुष्य को आंतरिक रूप से एकसूत्र में जोड़ते हैं। इसलिए कहा गया है कि शिक्षा संपूर्ण राष्ट्र को जोड़ती है और राजनीति तोड़ती है। राष्ट्र की समृद्धि के लिए आवश्यक है कि देश में एक शिक्षा–नीति हो लेकिन देश में एक राजनीति हो, यह आवश्यक नहीं है। इसलिए संविधान में भी कुछ मौलिक अधिकार निर्धारित किए गए हैं। जो स्थायी रूप से पूरे देश के लिए अनिवार्य हैं। प्रजातंत्र में विचारों की भिन्नता आवश्यक है, लेकिन लोगों के मन में राष्ट्र के प्रति जो आस्था है, जो सम्मान है, उसमें भिन्नता देश की आंतरिक एकता को तोड़ती है। इसलिए शिक्षा के माध्यम से देश को एकसूत्र में बाँधने का संकल्प किया जाता है। हमारे देश में कई बार संकल्प लिया गया कि पूरे देश के लिए एक तरह की शिक्षा नीति हो ताकि संपूर्ण देश के छात्र–छात्राओं के मन में राष्ट्र के प्रति समरूपता हो। भौगोलिक दृष्टि से अथवा राजनीतिक दृष्टि से देश की अलग–अलग पहचान हो सकती है लेकिन आंतरिक दृष्टि से देश के व्यक्तित्व की पहचान के लिए शिक्षा ही आवश्यक है। इस समरूपता की स्वीकृति पूरे राष्ट्र में कभी–कभी इसलिए नहीं हो पाती है कि शिक्षा संविधान की समवर्ती सूची में है। शिक्षा पर केंद्र और राज्य दोनों का समान अधिकार है। इसलिए जब कभी केंद्र कोई नई शिक्षा–नीति बनाना चाहता है तो यह आवश्यक है कि सभी राज्य उसे उसी रूप में स्वीकार कर ले, ऐसा न होने के कारण पूरे राष्ट्र को शिक्षा के माध्यम से एकसूत्र में बाँधना संभव नहीं हो पाता। जिस प्रकार देश में रेल–विभाग, डाक–विभाग, रक्षा–मंत्रालय पूरी तरह केंद्र के अधीन हैं, उनके विषय में कोई भी राज्य प्रश्न नहीं उठा सकता लेकिन शिक्षा पर कोई भी राज्य अपनी राजनीतिक दृष्टि की भिन्नता के कारण कोई भी सुधार की घोषणा कर सकता है।

अभी तो देश में नई शिक्षा–नीति लागू हुई है, उसे अनिवार्य रूप से

सभी राज्यों में लागू करने की आवश्यकता है ताकि शिक्षा के माध्यम से पूरे देश को एकसूत्र में जोड़ सकें।

माननीय प्रधानमंत्रीजी के नेतृत्व में भारत की संस्कृति, संस्कार और उसकी अस्मिता की पृष्ठभूमि में बड़े परिश्रम से पूरे देश के लिए एक शिक्षा नीति की घोषणा हुई है। अब तक हम घोषणा अवश्य करते रहे हैं कि भारत में विभिन्नता में एकता है, लेकिन शिक्षा क्षेत्र में वैचारिक भिन्नता के कारण एकता में विभिन्नता है। हम संकल्प करते हैं कि पूरे देश को एकसूत्र में बाँधे रखेंगे। यह संकल्प तभी पूरा हो सकता है, जब कश्मीर से लेकर कन्याकुमारी तक छात्र–छात्राओं के बीच भारत, भारतीयता और भारतीय संस्कृति के प्रति एकात्म भाव हो। विश्व में अनेक छोटे–छोटे देश हैं, जिनमें कई विचारधाराओं के लोग रहते हैं लेकिन वहाँ एक ही शिक्षा नीति है। जिसे पूरे देश में लोग स्वीकार करते हैं। क्योंकि शिक्षा का सम्बन्ध वहाँ के लोगों की विचारधारा से नहीं होता, बच्चों के भविष्य निर्माण पर होता है और बच्चे किसी भी विचारधारा के सदस्य नहीं होते। उनके सामने एक ही विचारधारा है, उनका अपना भविष्य। इसलिए आज आवश्यक है कि सम्पूर्ण शिक्षा–विभाग एक स्वतंत्र इकाई अथवा स्वायत्त संस्था के रूप में स्वीकृत हो। मैं समझता हूँ कि शिक्षा अगर विचारधाराओं के अधीन काम करती रही तो उत्तर को दक्षिण से और पूरब से पश्चिम को जोड़ना संभव नहीं हो पायेगा। उत्तर के लोगों को दक्षिण वाले नहीं पहचान पाएँगे और पश्चिम के लोगों को पूरब वाले बाहरी मानने लगेंगे। संभव है कि किसी दिन भगत सिंह, वीर सावरकर, महात्मा गाँधी और पटेल को कोई राज्य बाहरी मान ले।

नई शिक्षा–नीति क्यों : दरअसल, आज जो शिक्षा विभिन्न प्रांतों में चल रही है, वह पूरी तरह प्रांतों के विवेक पर निर्भर कर रही है। चिंता तो तब होती है जब एक ही राज्य के बच्चे स्कूलों में पढ़ने के लिए जाते हैं तो उनके सामने शिक्षा केंद्रों के कई प्रकार के बोर्ड लगे दिखते हैं। एक बोर्ड है केंद्रीय स्कूलों का, दूसरा बोर्ड है राज्य का। तीसरा बोर्ड है अल्पसंख्यकों का। अब बच्चों को समझ नहीं आता कि शिक्षा के किस केंद्र में वह अपनी शिक्षा प्रारंभ करें। जब वे विभिन्न प्रकार की नीतियों पर चल रहे हों, तो किसी बच्चे में राष्ट्रीय व्यक्तित्व का कैसे निर्माण हो सकता है। देश का इससे बड़ा दुर्भाग्य और क्या होगा कि नेताजी सुभाष को बंगाली, तिलक को महाराष्ट्रियन, भगत सिंह को पंजाबी और देश

में एकता का प्राण–तत्व प्रदान करने वाले लौह पुरुष सरदार पटेल को गुजराती और महात्मा गाँधी को किसी एक प्रांत का नेता माना जाए। इस बीमारी से बचने का एक ही उपाय है कि पूरे देश में एक ऐसी शिक्षा–नीति लागू हो, जिसमें बच्चों का राष्ट्रीय व्यक्तित्व निर्मित हो सके।

भयभीत करने वाली शिक्षा : आज पूरे देश में बच्चों में भय उत्पन्न करने वाली शिक्षा चल रही है। देश में ऐसे स्कूल चल रहे हैं, जहाँ लाखों–करोड़ों भयभीत बच्चे बैठे हैं। इन स्कूलों में एक अजीब स्थिति है कि जहाँ बच्चे जीवन को सफल बनाने, जीवन को आकर्षक बनाने और जीवन को आनंदपूर्ण बनाने के लिए पढ़ने जा रहे हैं; वहाँ कोई एक शिक्षक आता है और बच्चों को कुछ रटी–रटाई बातें, कुछ दूसरों के सिद्धांत, दूसरों के अनुभव बताने लगता है। वहाँ न शिक्षक अपनी ओर से कुछ कह पाता है और न बच्चों को अपनी इच्छा से कुछ पढ़ने की अनुमति होती है। सब कुछ आरोपित होता है। शिक्षा का मूल उद्देश्य है–छात्र की आंतरिक चेतना का विस्तार। छात्र की अपनी रुचि, रुझान, प्रवृति का विस्तार। शिक्षा का अर्थ ही है भीतर से बाहर की ओर की यात्रा। अंतर्मन की ज्योति से अपने जीवन को प्रकाशित करना। अज्ञान, अविद्या और अंधकार से मुक्ति। 'तमसो मा ज्योतिर्गमय' लेकिन आज की शिक्षा अविद्या को बाहर निकलने ही नहीं देती। बच्चों के मन में पहले ही इतनी सूचनाएँ, इतना कचरा भर दिया जाता है कि बच्चे अपनी चेतना का विस्तार नहीं कर पाते। इसलिए अब आवश्यक समझा गया है कि बच्चों को अपनी प्रवृति के अनुरूप शिक्षा पाने दें। अब तक उन्हें वह सब पढ़ाया गया, जिसमें उनकी रुचि नहीं थी। अब तक वह अपने माता–पिता, शिक्षक अथवा सरकार द्वारा बनाए गए सिलेबस के अनुरूप पढ़ता था। भले ही उसे साहित्य पढ़ना हो, गीत पढ़ना हो, खेल में रुचि हो। इससे स्कूलों को कोई मतलब नहीं था, उसे इसलिए विज्ञान पढ़ना पड़ता था कि सिलेबस में विज्ञान पढ़ने की व्यवस्था है। किसी शिक्षक को इस बात से कोई मतलब नहीं था, छात्र क्या पढ़ना चाहता है। उसे वह पढ़ाया जाता था, जिसे वह पढ़ना नहीं चाहता था।

फलतः बेमन से पढ़े लोग और बेरोजगारों की लंबी–लंबी कतारें लगने लगीं। अगर रूस, जापान जैसे देशों के अनुरूप भारत में भी मैट्रिक पास करते ही उनकी रुचि के अनुरूप शिक्षा दी जाती तो हमारे देश के लोग भी आसानी से अपना स्वरोजगार कर पाते। अभी बेमन से पढ़ा

इंजीनियर खेती कर रहा है, वकालत पढ़ा व्यक्ति उद्योग–धंधा चला रहा है, ऐसा नहीं होता। इस नई शिक्षा–नीति में छात्रों को अपनी रुचि से पढ़ने की सुविधा दी गई है। अब कोई छात्र भटक नहीं सकेगा। अगर रवि बाबू को गणित पढ़ाया जाता, भाभा को कविता लिखना सिखाया जाता, गावस्कर, तेंदुलकर और धोनी को विज्ञान पढ़ाया जाता तो देश कितनी बड़ी विभूति से वंचित रह जाता। इसलिए नई शिक्षा–नीति में रुचि के अनुरूप बच्चों को शिक्षा देने का जो संकल्प लिया गया है, वह प्रशंसनीय है।

नई शिक्षा–नीति को लागू करने के लिए आवश्यक है कि शिक्षा–विभाग को स्वतंत्र इकाई के रूप में मान्यता दी जाए। शिक्षा–विभाग के अधिकारी, शिक्षक और कर्मचारी केवल शिक्षा विभाग में ही काम करें। जो व्यक्ति वर्षों से केवल शिक्षा में जी रहा हो, वैसे ही शिक्षाविदों को शिक्षा विभाग में रखा जाना चाहिए। साथ ही, प्रतिवर्ष शिक्षकों को अद्यतन प्रशिक्षण दिया जाना चाहिए ताकि वे शिक्षा में हो रही खोजों से परिचित हो सकें। जिस तेजी से युग बदल रहा है, उसी तेजी से शिक्षा–विभाग एवं शिक्षकों की मानसिकता बदलनी चाहिए ताकि हमारा पाँव तो पृथ्वी पर टिका हो लेकिन आँखें अंतरिक्ष की ओर "अग्रतः सकलं शास्त्रं, पृष्ठतः सशरंधनुः"। सर्वपल्ली डॉ. राधाकृष्णन ने एक बार विदेश में कहा था, जिसे आज हम सबों को याद रखना चाहिए। "No doubt you people learnt how to fly in the air like a bird and how to swim in the water like a fish, but you people have yet not learnt how to move on earth that you have to learnt from India." आज जो शिक्षा चल रही है, उससे बच्चे निष्क्रिय बन रहे हैं। उनके पास केवल सूचना है, ज्ञान नहीं है। व्यावहारिक ज्ञान का तो पूर्णतः अभाव है। चिंता की बात तो यह है कि इसमें शिक्षक के साथ–साथ माता–पिता भी सहयोग कर रहे हैं। माता–पिता भी इसलिए संतुष्ट हैं कि उनके बच्चों को बहुत सारी सूचनाएँ याद कराई गई हैं। उन्हें पता नहीं है, सूचनाओं से जीवन नहीं चलता। जीवन चलता है क्रियात्मक शिक्षा से। जो शिक्षा जीवन जीना सिखा दे, वही असल शिक्षा है।

किसी विचारक ने कहा है – Parents cannot commit the greater sin than by allowing their children to have nothing to do ."

इसी निष्क्रियता से मुक्ति का संकल्प नई शिक्षा–नीति है।

32. नई शिक्षा–नीति के परिवेश में शिक्षकों का दायित्व

शिक्षा, शिक्षक और छात्र इन्हीं तीन बिंदुओं पर शिक्षा का विशाल कंगूरा खड़ा होता है। शिक्षा तभी कारगर होती है, जब शिक्षक अपनी कुशलता से शिक्षा के मूल तत्त्व को छात्रों तक पहुँचाने में समर्थ हो जाता है, क्योंकि शिक्षा अच्छी है या बुरी है, यह इस बात पर निर्भर करता है कि जो इसका माध्यम है और जिसके लिए शिक्षा का परिवेश बनाया जा रहा है, उस तक शिक्षा ठीक से पहुँच सके। शिक्षा कोई वस्तु नहीं है, जिसका हम आदान–प्रदान कर सकें। यह एक भावात्मक अभिव्यक्ति है। भावात्मक जुड़ाव है, जिससे शिक्षक और छात्र जुड़ता है। मूलतः शिक्षा का संपादन इसी पर निर्भर है कि शिक्षक और छात्र के बीच में कितना स्नेहिल और आत्मीय वातावरण बनता है, जिस परिवेश में शिक्षा की नीतियों को शिक्षक छात्रों तक उतार पा रहा है।

नई शिक्षा–नीति शिक्षा के क्षेत्र में क्रांतिकारी कदम है। छात्रों के मन में क्रांति–बीज के अंकुरण का प्रयास है। छात्रों में आत्मविश्वास, व्यवहारकुशलता पैदा करने का संकल्प है। इसलिए कि छात्र के जीवन में एक बहुत बड़े परिवर्तन की आधारशिला रखी जा रही है। निश्चित रूप से जो शिल्पकार है, उनकी कुशलता पर बहुत कुछ निर्भर करेगा। जिन कारणों से नई शिक्षा–नीति को लाने की आवश्यकता पड़ी और पुरानी पद्धति को छोड़कर नये वातावरण में शिक्षा को जीवन से जोड़ने का प्रयास किया गया, उसकी सफलता इस बात पर निर्भर है कि नई शिक्षा नीति में जो संकल्प किया गया है, छात्रों के जीवन में परिवर्तन की जो बात कही गई है, वह तभी संभव है, जब शिक्षा–सूत्र संचालन करने वाले पूरी तरह नई विधियों का पालन करने में निष्ठावान और दक्ष हों। दरअसल, शिक्षा कोई सरकारी मुलाजिम नहीं होती, वह किसी

फैक्ट्री में कर्मचारी की तरह काम नहीं करती, क्योंकि सरकार के अन्य विभागों में जो कर्मचारी काम करते हैं, उनका काम करने का एक नियम होता है। उससे आगे पीछे वे नहीं जा सकते, लेकिन जो शिक्षक है, वह एक स्वतंत्र शिल्पकार की तरह होता है। चित्र में किस जगह कौन–सा रंग भरना है, बच्चों का रुझान और अभिरुचि किस दिशा में है, शिक्षक उस मानसिकता को पकड़ता है और अच्छे शिल्पकार की तरह बच्चों के मन को सजाता–सँवारता है, क्योंकि प्रत्येक बच्चा अपनी–अपनी अभिरुचि लेकर पैदा होता है, उसे सामूहिक रूप से पढ़ाना मुश्किल है। सामूहिक रूप से बच्चों को सामान्य सूचना दी जा सकती है लेकिन मन में अलग–अलग रुचि के बच्चों को किसी एक नीति के अंतर्गत पढ़ाना मुश्किल है। जो शिक्षक बच्चों के लिए अभिरुचि की पहचान कर लेते हैं, वे सफल शिक्षक माने जाते हैं। मैं तो यह नहीं कह सकता कि कोई भी शिक्षक कक्षा में अलग–अलग अभिरुचि में बच्चों को अलग–अलग ढंग से पढ़ाये लेकिन जो दक्ष शिक्षक होते हैं, वे वर्ग में भी सामान्य प्रवृत्तियों के बच्चों का चुनाव कर उन्हें अपनी प्रवृत्ति के अनुरूप पढ़ने में सहयोग करते हैं। मैं मानता हूँ कि कक्षा में विभिन्न प्रकार के बच्चे होते हैं। वहाँ अगर शिक्षक अपने सिद्धांत को बच्चों पर आरोपित करना चाहता है तो उसे सफलता नहीं मिलती लेकिन जब शिक्षक कक्षा में बैठे छात्रों को अपनी–अपनी अभिरुचि के अनुरूप बढ़ने में सहयोग करने लगता है तो उसे सफलता मिलने लगती है। इसलिए शिक्षक का काम छात्रों पर आरोपित होना नहीं है बल्कि छात्रों को आगे बढ़ने की प्रेरणा देना है। वही शिक्षक सफल होता है, जो स्वयं कुछ नहीं करता, केवल छात्र को क्रियात्मक बनंने की प्रेरणा देता है, क्योंकि जब भी शिक्षक छात्रों पर आरोपित होने की कोशिश करता है तो वहाँ छात्र गौण हो जाता है और शिक्षक प्रधान हो जाता है। हमारा उद्देश्य है कि वर्ग में छात्र प्रधान रहे और शिक्षक गौण होकर सहयोग करें। छात्रों द्वारा उठाए गए प्रश्नों का उत्तर दें। जब छात्र प्रश्न पूछने लगे और शिक्षक उत्तर देना शुरू करें तो शिक्षा पूरी तरह बच्चों तक उतर पाती है। नई शिक्षा नीति यही कहती है कि पढ़ाते समय छात्रों को आगे बढ़ाओ। छात्र प्रश्न उठायें और शिक्षक बुद्धिमत्तापूर्वक उसका उत्तर दें। जिस दिन शिक्षक केवल संवाहक (Conductor) बनकर कक्षा में खड़ा हो जाएगा और बच्चों पर आरोपित होने का प्रयास नहीं करेगा, छात्र को स्वयं पढ़ने की प्रेरणा देना प्रारंभ

कर देगा, उसी दिन शिक्षा नीति सफल हो जाएगी। आज तक शिक्षा में असफलता इसीलिए मिली है कि वर्ग में शिक्षक पढ़ाना शुरू कर देता है। दरअसल, शिक्षक कोई Instructor नहीं है, वह केवल Preceptor (अनुप्रेरक) है। नई शिक्षा–नीति कहती है कि वर्ग में शिक्षक बच्चों का सहयोग करें, उसके ऊपर आरोपित न हों।

दरअसल, एक सफल शिक्षक वही होता है, जो बच्चों के मन में क्रांतिबीज अंकुरित करने में सफल होता है। जिस दिन शिक्षक वर्ग में एक सहायक की भूमिका में खड़ा हो जाएगा, उस दिन शिक्षा सफल हो जाएगी। शिक्षा का मूल उद्देश्य छात्रों की कुंठा को तोड़ना है और उसमें नए बीज का अंकुरण करना है। यह तभी संभव है, जब छात्र स्वयं अंकुरित होने के लिए तैयार हों। आपने सड़क पर बैलगाड़ी को किसी चढ़ाई पर चढ़ते देखा होगा। जब गाड़ी चढ़ाई पर चढ़ने लगती है तो कुछ लोग पीछे से धक्का मारते हैं और जब धक्का लगने से गाड़ी आगे की ओर बढ़ने लगती है तो गाड़ी में जुता बैल भी घुटने टेक कर गाड़ी को आगे खींच लेता है। इसलिए केवल पीछे से धक्का देकर गाड़ी को चढ़ाई पर नहीं ले जा सकते। उसके लिए बैल को घुटने टेक कर गाड़ी को खींचना पड़ता है। ठीक वही स्थिति बच्चों की पढ़ाई की होती है। अगर शिक्षक बच्चों को धक्का मार कर आगे बढ़ाने का प्रयास करेगा तो बच्चे हमेशा पराश्रित बने रहेंगे। शिक्षक अथवा माता–पिता के धक्का से बढ़ा हुआ छात्र स्वावलंबी नहीं बन सकता। वह हमेशा Paracite (पराश्रित) बना रहेगा। आज तक हमारी शिक्षा विफल होती रही है, उसका एक ही कारण है कि बच्चे या तो शिक्षक पर आश्रित हो जाते हैं या माता–पिता पर आश्रित हो जाते हैं। पढ़ाई में कई बार शिक्षक उन्हें उत्तर लिखा देते हैं, जिस कारण बच्चे स्वयं प्रयास करना छोड़ देते हैं। वे समस्याओं से उलझना भूल जाते हैं। वे स्वयं उत्तर खोजने का प्रयास नहीं करते। जिस कारण बच्चे 'खोजी' नहीं बन पाते। बच्चों के लिए सबसे बड़ा नुकसान यही है। सफल शिक्षक वह होता है, जो गणित या विज्ञान का प्रश्न हो, उसमें बच्चों को उलझा दे। उसे स्वयं उत्तर खोजने दे। जैसे एक टोकरी में दस नारंगी रखी हुई है और उसे दस लोगों में बाँटना है और एक नारंगी टोकरी में बच जाती है। कैसे? अब इसका उत्तर खोजें। दूसरा प्रश्न है हमें 23 लिखना है और इसमें 3 का प्रयोग नहीं करना है। कैसे? तीसरा सवाल है सौ रुपये का नोट है, उसे दस

भागों में बाँटना है लेकिन उसमें दस का नोट नहीं होना चाहिए। इस तरह प्रश्नों के बीच बच्चों को उलझाकर बच्चों को स्वयं उत्तर खोजने की प्रेरणा देने वाला शिक्षक श्रेष्ठ शिक्षक होता है और जो शिक्षक बच्चों को उत्तर लिखा दे, उसे हम श्रेष्ठ नहीं मानते हैं।

नई शिक्षा–नीति के अंतर्गत एक सफल शिक्षक का क्या दायित्व है? उनके प्रमुख बिंदु हैं :–

1. शिक्षक जब वर्ग में प्रवेश करे तो पहले वह स्वयं बच्चों का अभिवादन करे और बच्चों का चहकते हुए स्वागत करे। वही शिक्षक लोकप्रिय बनता है, जिनमें प्रमुख चार गुण होते हैं :–

   क. शिक्षक का आकर्षक व्यक्तित्व : आकर्षक यानी सुंदर आकृति वाला शिक्षक बच्चों के बीच लोकप्रिय बन जाता है, उसका मुस्कुराता हुआ चेहरा बच्चों को अपनी ओर खींच लेता है। इसलिए स्कूलों में लेडी टीचर्स को नियुक्त किया जाता है।

   ख. शिक्षक का आकर्षक वेश (यूनिफॉर्म) : कहते हैं "DRESS IS THE PERSONALITY OF PERSON" शिक्षक का वेश आकर्षक और सुंदर होना चाहिए। कपड़े साफ–सुथरे हों, बाल सँवरा हो, दाढ़ी–मूँछ सजी हुई हो, जूता पालिश किया हुआ हो, जिसे देखकर बच्चे उनका अनुकरण कर सकें।

   ग. शिक्षक की भाषा : शिक्षक के लिए आवश्यक है कि वह मधुर हो, शिक्षक मृदुभाषी हो। शब्दों का सही उच्चारण करता हो। अशुद्ध शब्द अथवा अपशब्द का प्रयोग नहीं करता हो। जोर–जोर से बोलना, चिल्लाना, बच्चों को डाँटना, शिक्षक का सबसे बड़ा दुर्भाग्य माना जाता है। सफल शिक्षक जब क्लास में जाता है तो बच्चों को अच्छी कहानी सुनाता है। जोक्स सुनाता है, पहेली सुनाता है। जिससे बच्चे आकर्षित होते हैं। कठिन विषय को भी हँसते–हँसते पढ़ा देना सफल शिक्षक का लक्ष्य है।

   घ. शिक्षक का विषय–ज्ञान : शिक्षक के लिए आवश्यक है कि जो भी विषय वह पढ़ा रहा है, उसका उसमें पूरा ज्ञान होना चाहिए। गलत सूचना देना, विषय को गलत ढंग से पढ़ाने वाला शिक्षक बच्चों में कभी भी लोकप्रिय नहीं होता।

इसलिए केवल पढ़ाने वाला शिक्षक सफल नहीं होता है, जो शिक्षक बच्चों को सिखाना शुरू कर दे, विषयों को व्यावहारिक बनाकर बच्चों को समझाए, उसे प्रकृति से जोड़कर बच्चों को बताए, वही शिक्षक सफल होता है। नई शिक्षा–नीति में कहा गया है कि बच्चों को कक्षाओं से बाहर निकालकर उसे खुले आसमान के नीचे नदी, तालाब, झरना, जंगल से परिचित कराओ। जीवन में काम आने वाली वस्तुओं से परिचित कराओ। हर हालत में बच्चों को किताब से बाहर निकालो और जीवन के व्यवहार–पक्ष को बच्चों को समझाओ।

2. **बच्चों को खोजी बनाओ** : शिक्षक बच्चों को समस्याओं में उलझाएँ और उन्हें स्वयं खोजने को कहें। कभी भी उलझन से बच्चों को निकालने का प्रयास न करें, उन्हें स्वयं निकलने दें।

मुझे स्मरण है कि जब मैं विश्वविद्यालय में पढ़ाता था तो एक दिन मेरे प्राचार्य ने मुझे एक ड्राफ्ट लिखवाया, उसमें एक शब्द आ गया 'DISCRIMINATION'। उस समय मुझे इसका स्पेलिंग याद नहीं था। मैंने प्रिंसिपल से पूछा कि कृपया इस शब्द का स्पेलिंग बता दें। वे थोड़ी देर चुप हो गए, फिर वे उठे और बगल से डिक्शनरी ले आए। उन्होंने कहा कि लो इसमें खोज लो। मैंने कहा कि जब आप जानते हैं तो लिखा दें। उन्होंने कहा कि अगर मैंने तुम्हें यह लिखा दिया तो जीवन भर इस शब्द को सीख नहीं सकोगे। फिर मैंने शब्दकोश से शब्द को खोजा और उन्हें दिखाया, तब उन्होंने कहा कि इस शब्द को पाँच बार लिखो। यही एक सफल शिक्षक का लक्षण है। अगर कोई शिक्षक बच्चों को उत्तर लिखा देता है तो वह बहुत बड़ा अपराध करता है। सफल शिक्षक बच्चों को समस्या में डाल देता है और उसे उत्तर खोजने के लिए कहता है। जैसे कई नमा पैंतीसा से अर्थात किस अंक को नौ बार गुना करेंगे तो 135 होगा। इस तरह बच्चों को उलझाने से बच्चे उसका उत्तर स्वयं खोजने का प्रयास करते हैं। ऐसे ही बच्चे आगे चलकर वैज्ञानिक बनते हैं। बच्चों के मन में प्रश्न उठता होगा कि टी.वी. में चित्र कैसे आता है? बिना तार के मोबाइल से कैसे बात होती है? चंद्रमा गिरता क्यों नहीं है? ऐसे प्रश्नों के उत्तर बच्चों को स्वयं खोजने दें।

33. गुरु करू जान के, पानी पिऊ छान के

श्री कृष्ण कहते हैं, ''अर्जुन, इस संसार को जानने के लिए, अपने परायों को पहचानने के लिए, गुरु की आवश्यकता होती है। किसी ऐसे व्यक्ति की आवश्यकता होती है जो स्वयं प्रकाश–पुंज से भरा हो। जिसने स्वयं को जान लिया, वही व्यक्ति किसी को ज्ञान दे सकता है। उसके अंतर्चक्षु को खोल सकता है तथा उसके अंतर्मन में जो महा अंधकार भरा है, उसे बाहर निकालकर उसमें प्रकाश भर सकता है। क्योंकि गुरु ''गृ'' धातु से बना है, जिसका अर्थ है शिष्य के अंधकार को पीने वाला, निगल जाने वाला। जब मनुष्य के अंतर्मन का अंधकार निकल जाता है तो वह सब कुछ जानने लगता है। उसे इस एक विधा का ज्ञान हो जाता है, जिससे वह सब कुछ जानने लग जाता है। इसलिए तुम्हें गुरु के निकट बैठकर विनीत भाव से प्रश्न पूछना चाहिए तभी तुम्हें इस संसार के रहस्य का बोध हो सकता है, क्योंकि ज्ञान प्राप्त करने के लिए समर्पण आवश्यक है।''

तद्विद्धि प्रणिपातेन परिप्रश्नेन सेवया।
उपदेक्ष्यन्ति ते ज्ञानं ज्ञानिनस्तत्त्वदर्शिनः।।

श्रीकृष्ण कहते हैं कि जीव अज्ञान से भरा हुआ एक पिंड है। उसमें चेतना तभी आ सकती है जब कोई गुरु अपने प्रकाश से उसमें चेतना भरता है। श्रीकृष्ण की वाणी सुनकर अर्जुन अनेक प्रश्न पूछने लगता है। अर्जुन कहता है– हे केशव, ''दिव्यं देहि मे चक्षुः'', तब श्रीकृष्ण कहते हैं–''दिव्यं ददामि ते चक्षुः'' यहाँ चक्षु का अर्थ है– दृष्टि। अंतर्मन में ज्योति पैदा कर देना। इसी पर गोस्वामी तुलसीदास जी लिखते हैं–

श्री गुरु पद नख मनि गन जोती।
सुमिरत दिव्य दृष्टि हिय होती।।

गुरु के चरण कमल का स्मरण करते ही जीवन में दिव्य प्रकाश भर जाता है। स्वामी विवेकानंद ने कहा है कि जब उनके गुरु रामकृष्ण परमहंस ने उन्हें स्पर्श किया तो लगा कि उनके शरीर पर विद्युत का भयंकर प्रहार हुआ है। वह चिल्लाने लगे। शास्त्रों में इसी को शक्तिपात कहा जाता है। जीवन में किस रूप में कौन व्यक्ति गुरु बनकर खड़ा हो जाता है, पता नहीं चलता। कभी कालिदास के जीवन में उनकी पत्नी विद्योत्तमा धक्का मारती हुई दिखती है तो कभी तुलसीदास की पत्नी रत्नावली ईश्वर की ओर जाने की प्रेरणा देती हुई दिखती है। तभी कवि को कहना पड़ा–

"है धन्य सुहागन वो जिसने भारत को तुलसीदास दिया।
मेहंदी महावर रचकर भी सुख सपनों से संन्यास लिया।।"

गुरु परंपरा का प्राचीन विधान हमारे देश में रहा है क्योंकि जिन लोगों ने जीवन में शिखर सफलताएँ प्राप्त की हैं, उनके जीवन में किसी दिव्य आत्मा का प्रभाव अवश्य रहा है। श्रीराम के जीवन में जो दिव्यता आई, उसमें महर्षि वशिष्ठ और राजऋषि विश्वामित्र का योगदान है। चंद्रगुप्त के जीवन में जो शौर्य और शक्ति का अंगीभूत स्वरूप उभरकर आया, उसमें चाणक्य के तप का प्रभाव था और शिवाजी के जीवन में जो श्रेष्ठता आई उसमें माता जीजाबाई का योगदान था। इसलिए आवश्यक नहीं कि गुरुकुल में बैठा कोई तपस्वी ही मनुष्य के जीवन में गुरु का भाव भर सकता है बल्कि जीवन के किसी मोड़ पर कोई व्यक्ति एक झटके में किसी के जीवन में परिवर्तन कर सकता है। प्रश्न है 'झटका' देने वाला व्यक्ति कितना समर्थ है। अब तो विज्ञान भी मानने लगा है कि जिस प्रकार साधारण लोहे के टुकड़े को चुंबक के संपर्क में लाया जाता है तो वह भी चुंबक बन जाता है। क्योंकि चुंबक का परमाणु इतना Systemized रहता है कि वह लोहे को Systemized करा देता है, ठीक उसी प्रकार गुरु अपने ज्ञान के चुंबक से छात्र के जड़त्व को चैतन्य बना देता है। "गुरुत्व जब प्रबल रहता है तो शिष्यत्व स्वतः प्रबल बन जाता है।"

श्री कृष्ण गीता में कहते हैं "संगात् संजायते कामः" अर्थात संगति

प्राप्त होते ही मन में कामना उत्पन्न हो जाती है। क्योंकि संगति का अर्थ है– आसक्ति, मोह। यह जो आसक्ति है, वही जीवन में परिवर्तन करती है। रामायण में केवट श्रीराम को कहते हैं ''दीनदयाल अनुग्रह तोड़े'' हे प्रभु, आपने मेरे जीवन की आसक्ति का नाश कर दिया। अनुग्रह का अर्थ आसक्ति। यहाँ राम गुरु हैं, केवट शिष्य है।

दरअसल, मनुष्य के जीवन में बाल्यकाल से लेकर अनेक गुरु मिलते हैं। कभी माता गुरु के रूप में आती है, कभी मित्र गुरु बनते हैं। कभी जीवन की विविधताओं के प्रशिक्षण के लिए कोई व्यावसायिक गुरु बनता है और कभी जीवन को रूपांतरित करने के लिए कोई आध्यात्मिक व्यक्ति जीवन में गुरु बनकर आता है। दरअसल, गुरु का अर्थ है– प्रेरणा देने वाला, जड़ता को नष्ट करने वाला, अहंकार का विस्मरण कराने वाला और ''अप्प दीपो भव'', अपना प्रकाश स्वयं बनो की प्रेरणा देने वाला। इसे अंग्रेजी में Preceptor 'अणुप्रेरक' कहते हैं। जो व्यक्ति छात्र के जीवन में चेतना का विस्फोट करा दे, उसे ऐसी विद्या प्रदान करे, जिससे उसकी आँखें खुल जाएं। ''सा विद्या या विमुक्तये'', वैसी विद्या प्रदान करने वाला ही गुरु बन सकता है। शास्त्रों में चर्चा है कि प्रत्येक व्यक्ति जीवन में सर्वत्र विजय प्राप्त करना चाहता है, कहा गया है–

''सर्वत्र विजयम् इच्छेत्, पुत्रात् शिष्यात् पराजयम्''

प्रत्येक गुरु और पिता सर्वत्र विजयी होना चाहता है, लेकिन प्रत्येक पिता और गुरु अपने पुत्र और शिष्य से पराजित होने में गौरव का अनुभव करता है।

कभी–कभी गुरु को तब परेशानी होती है जब शिष्य के अंतर्मन की प्रगाढ़ और गहन निंद्रा को तोड़ना पड़ता है। यह तब होता है जब शिष्य के नकारात्मक संचित कर्म पर गुरु को परिश्रम करना पड़ता है। क्योंकि कोई भी गुरु शिष्य के संचित कर्मों की जड़ता को तोड़ने में समर्थ नहीं हो पाता है। इसी पर श्रीकृष्ण ने कहा कि प्रत्येक व्यक्ति अपने संचित कर्मों की प्रवृत्तियों से प्रभावित रहता है। जब श्रीकृष्ण ने दुर्योधन को कहा कि तुम गुरु द्रोण के शिष्य हो फिर ऐसी दुष्प्रवृत्तियों का शिकार कैसे हो रहे हो, तुम इन विकारों से मुक्त क्यों नहीं होते? तब दुर्योधन कहता है–

"जानामि धर्मं न च मे प्रवृतिम्।
जामाम्यधर्मं न च मे निवृतित्तम्।।"

गुरु द्रोणाचार्य के दो शिष्य थे–अर्जुन और दुर्योधन। स्वामी रामानंद के कबीर और तुलसी, उनकी शिष्य परंपरा के भक्त थे। लेकिन दोनों की प्रवृत्तियाँ बदल गईं। एक पिता के दो पुत्रों की अलग–अलग प्रवृत्तियाँ हो जाती हैं। एक सात्विक बन जाता है और एक नास्तिक बन जाता है।

''एक पिता के विपुल कुमारा, होहिं पृथक गुन सील अचारा।''

जीवन में गुरु का अत्यंत महत्त्वपूर्ण प्रभाव है, क्योंकि उसके बिना जीवन में शुचिता नहीं आती है। कहा गया है "You cannot get the highest success in your life without spiritual Inspiration" जीवन में श्रेष्ठता और शुचिता के लिए निश्चित रूप से गुरु की आवश्यकता होती है। लेकिन वहाँ पात्र की पात्रता भी बहुत महत्त्वपूर्ण होती है।

गोस्वामी जी ने लिखा–

''सठ सुधरहिं सत संगति पाई।
पारस परस कुधातु सुहाई।।''

गुरु अपने सान्निध्य से शिष्य की मूलभूत प्रवृत्तियों में परिवर्तन अवश्य करता है लेकिन गुरु का श्रम कितना सार्थक है, यह छात्र की जड़ता के घनत्व पर भी निर्भर करता है। तभी हजार शिष्यों में से कोई बिरला ही विवेकानंद बन पाता है। इसलिए गुरु जब किसी छात्र को शिष्य बनाता है तो पहले वह जानना चाहता है कि इस छात्र की जड़ता की जड़ें कहाँ तक हैं। यह तभी जाना जा सकता है, जब छात्र अपने मूल स्वरूप में रहता है। इसलिए कन्फ्यूसियस जब किसी को शिष्य बनाता था तो वह पहले उस व्यक्ति को खूब शराब पिलाता था, ताकि वह अपना सही स्वरूप प्रकट कर सके।

भगवान बुद्ध के पास एक राजकुमार गया और कहा– प्रभु, मैं आपका शिष्य बनना चाहता हूँ। मैं अमुक जगह का राजकुमार हूँ। मैंने अपने सारे राजपाट को लात मार दिया है।

यह सुनकर भगवान बुद्ध ने कहा ''राजकुमार, तुम अभी भी राजकुमार की स्मृति लेकर घूम रहे हो। तुमने जो राजपाट को लात मारा है, तुम्हारी वह लात ठीक से लगी नहीं। जाओ, सब कुछ को ठीक से लात मारकर आना। तभी राजघरानों की स्मृतियों का विस्मरण कर पाओगे।''

कहते हैं, अहं का विसर्जन ही त्याग है। मनुष्य जब तक संसार की स्मृतियों में बँधा रहता है, तब–तक गुरु का स्मरण वह नहीं कर सकता

है। गुरु कोई व्यक्ति नहीं होता। गुरु एक भाव होता है, जिसे धारण किया जाए। जब तक गुरु में छात्र का विलय नहीं होता तब तक संपूर्ण रूप से गुरु छात्र के जीवन में उतर नहीं सकता। कई बार हमारे वर्तमान पीढ़ी के उत्कृष्ट विद्वानों के जीवन में गुरु का अवतरण होते देखा गया है। जब गुरु छात्र में उतर जाता है तो छात्र ''तीर्थ'' बन जाता है और यही घटना छात्र के जीवन में कालजयी शिलालेख बन जाती है।

कई बार कुछ लोग प्रश्न उठाते हैं कि गुरु की वंदना क्यों की गई है?

''बंदउ गुरुपद पदुम परागा।''

वह इसलिए कि गुरु जब तक पाँव वाला होता है तब तक उसकी वंदना नहीं की जाती है। लेकिन ज्यों ही वह अपनी साधना, अपने तप और चिंतन से स्वयं का विस्मरण कर लेता है, यहाँ तक कि जब उसके होने का बोध नष्ट हो जाता है तब वह भाव रूप गुरु बन जाता है।

स्वामी विवेकानंद शिकागो में भाषण दे रहे थे तो वहाँ के किसी फोटोग्राफर ने उनके पीछे गुरु रामकृष्ण की छाया की फोटोग्राफी की थी। इसलिए गुरु और शिष्य की जो शास्त्रीय परंपरा है, वह इतना समीचीन है कि आज हम उसके अनुकरण मात्र से अपने जीवन में परिवर्तन कर सकते हैं। भगवान श्रीकृष्ण भी पूरी गीता में एक संपूर्ण गुरु के रूप में अर्जुन के सामने खड़े हैं। जब तक अर्जुन श्रीकृष्ण से अलग खड़ा है तब तक कृष्ण का बोध उसे नहीं हो पाता। लेकिन जब वह कहता है **''शिष्यस्तेऽहं साधिमां त्वामहं प्रपन्नम्।''**

जब श्रीकृष्ण समझ जाते हैं कि अर्जुन की वक्रता नष्ट हो गई और इसके जीवन में ऋजुता आ गयी तभी वे कहते हैं– ''दिव्यं ददामि ते चक्षुः'' (मैं तुम्हें दिव्य दृष्टि प्रदान करता हूँ), जिससे तुम सब कुछ जान लोगे। अर्जुन का अर्थ है सरल, सीधा जिसमें कोई जून न हो, तभी श्री कृष्ण अर्जुन के जीवन में उतर सके। वक्रता का अभाव और ऋजुता की स्वीकृति अर्जुन और कृष्ण के विलय का कारण बनता है, तभी लाओत्से को कहना पड़ा 'इस विश्व में मुझे कोई हरा नहीं सकता क्योंकि मैं पहले से ही हारा हुआ हूँ।' हम ऐसे गुरुओं को नमन करें जो गुरुत्व की गरिमा से विभूषित हैं।

(राजऋषि आचार्यश्री सुदर्शन जी महाराज के प्रवचन से उद्धृत)

34. राजऋषि आचार्यश्री सुदर्शनजी महाराज

सन्त शिरोमणि परमपूज्य आचार्यश्री सुदर्शनजी महाराज का अवतरण, उनका जीवन, उनकी विचारधारा और ज्ञान, वर्तमान भारत का एक महान् स्वर्णिम अध्याय है। सैकड़ों शिक्षण संस्थाओं के संस्थापक होने के साथ–साथ आपके गहन चिन्तन–मनन, विचारशीलता और सदैव दीन–दुखियों में व्यस्त रहने की आदत ने आपको छोटे–बड़े, अमीर–गरीब सबों का वन्दनीय बना दिया है।

अन्तर्राष्ट्रीय स्तर पर एक महामनीषी व शिक्षाविद् का दर्जा प्राप्त करके आप समय–समय पर राष्ट्रीय व अन्तर्राष्ट्रीय समारोहों में विभिन्न सम्मानों जैसे बेस्ट ऑरेटर अवार्ड (साउथ अफ्रीका), बेस्ट ऑरेटर अवार्ड (इंग्लैण्ड), जेम्स ऑफ इण्डिया अवार्ड (भारत), आर्क ऑफ एक्सीलेन्स अवार्ड (भारत) आदि से नवाजे गए हैं। आचार्यश्री द्वारा रचित अब तक लगभग 126 पुस्तकें प्रकाशित हो चुकी हैं।

इनमें शिक्षा, संस्कृति, जीवन जीने की विधि, विज्ञान एवं आध्यात्मिक पुस्तकों में जीवन जीने की विधि, आओ जीवन को महोत्सव बनायें, करें योग रहें नीरोग, दाम्पत्य मैत्री, Smiling Buds, मुझे जीना सिखा दो, खबरदार! मुझे बूढ़ा मत कहना तथा मैं शिक्षा हूँ आदि प्रमुख हैं। इनके अतिरिक्त आचार्यश्री के द्वारा दो महान् साहित्यों की भी रचना की गई है :–

1. सुदर्शन रामायण संगीतमय श्रीरामकथा (जीवन का महाकाव्य) : लगभग 900 पृष्ठों में रचित जीवन का यह महाकाव्य संगीतयमय शैली में सम्पूर्ण श्रीराम कथा का ऐसा अद्भुत चित्रण लिए हुए है, जो हमें जीवन के विविध पक्षों का ज्ञान कराता है।

2. जीवन जीएं कैसे : गीता कहे जैसे : महाग्रन्थ गीता पर

आचार्यश्री द्वारा की गई विस्तृत व्याख्या लगभग एक हजार पृष्ठों में प्रकाशित हुई है। इस नवीन रचना की प्रशंसा स्वयं भारत के महामहिम राष्ट्रपति श्री रामनाथ कोविंद एवं माननीय प्रधानमंत्री श्री नरेन्द्र मोदी जी ने लिखित रूप में की है।

संक्षिप्त–परिचय

1. श्रीरामकथा वाचन समिति : श्रीराम कथा वाचन के माध्यम से आचार्यश्री ने भारत ही नहीं, विश्व के अन्य देशों के जनमानस में भी प्रभु श्रीराम की जीवनगाथा को संगीतमय रूप देकर प्रवचन की ऐसी पीयूष धारा बहायी कि देश–दुनिया के तमाम कथावाचकों, समाज सुधारकों एवं संत समाज ने इनकी मुक्त–कंठ प्रशंसा की है। आचार्यश्री अब तक देश ही नहीं अपितु नेपाल, मॉरीशस, लंदन, स्वीटजरलैंड, जर्मनी, फ्रांस आदि देशों की यात्रा कर अपने श्रीमुख से संगीतमय श्रीराम कथा की अविरल गंगा प्रवाहित करने वाले पहले व्यक्ति हैं।

2. भजन एवं प्रवचनों की सी.डी. : आचार्यश्री द्वारा शिक्षा, जीवन और अध्यात्म पर लगभग 2000 से अधिक प्रवचन व इनके द्वारा रचित एवं संगीतबद्ध करीब 350 से अधिक भजन एवं देश भक्ति गीत आज काफी प्रचलित हो चुके हैं, जिनमें कुछ भजन तो लोगों के कण्ठहार तक बन गए हैं। इनमें से कुछ प्रमुख भजन हैं–जय हे भारत भूमि महान, विवाह गीत, भोले भण्डारी को मनायेंगे हम, गुरु बिन कौन सहारा... इन भजनों की सी.डी. वीनस कैसेट कम्पनी, मुम्बई द्वारा निकाली गई है। इन भजनों को youtube पर भी देखा एवं सुना जा सकता है।

3. विदेश यात्रा : इन्होंने साउथ अफ्रीका के डरबन में आयोजित शिक्षा–सम्मेलन में लगभग 60 देशों के प्रतिनिधियों को सम्बोधित करते हुए कहा कि आज शिक्षा हमारे जीवन से अलग हो गयी है। हमें ऐसी शिक्षा चाहिए जो बच्चों को जीना सिखाए। अपने इसी मिशन को वे लंदन, स्वीटजरलैंड, जर्मनी, साउथ–अफ्रीका, मॉरीशस आदि तमाम देशों में भी फैला रहे हैं।

सामाजिक दायित्वों का निर्वहन

आचार्यश्री सुदर्शनजी महाराज के मार्गदर्शन में संचालित निम्नलिखित संस्थान/संस्थाएँ प्रमुख हैं–

1. आचार्य सुदर्शन पटना सेंट्रल स्कूल : आचार्यश्री ने इस विद्यालय की स्थापना के लिए पटना न्यू बाईपास

मेन रोड पर 5 एकड़ जमीन खरीदकर 120 कमरों का +2 तक का विद्यालय भवन बनवाया। यह विद्यालय आज पूरे देश के शिक्षा क्षेत्र में लोकप्रिय हो रहा है। इसकी स्थापना 1980 ई. में हुई थी।

2. आचार्य सुदर्शन कृष्णा निकेतन : धर्मपत्नी स्व. कृष्णा सिंह के सहयोग से आचार्यश्री ने पटना न्यू बाईपास, ट्रान्सपोर्ट नगर में केवल छात्राओं के लिए +2 तक का आवासीय विद्यालय बनवाया है, जो 4 एकड़ में फैला हुआ है। यहाँ लगभग 90 से अधिक कमरे हैं तथा 300 से अधिक छात्रायें यहाँ हॉस्टल में रहती हैं। यह बिहार का सबसे बड़ा आवासीय विद्यालय है, जो 1986 ई. में स्थापित हुआ था।

3. हमें भी पढ़ाओ : गरीब एवं उपेक्षित, स्लम एवं पिछड़े ग्रामीण क्षेत्रों के बच्चों को निःशुल्क शिक्षित करने के उद्देश्य से अब तक अनेक "हमें भी पढ़ाओ" शिक्षा केन्द्रों की स्थापना की जा चुकी है। राष्ट्रीय स्तर पर इस योजना को चलाते रहने का प्रस्ताव भी अक्सर प्राप्त होता रहता है। इस संस्था को पूर्व राष्ट्रपति महामहिम कलाम साहब द्वारा भी शुभकामना प्राप्त है।

4. पाटलिपुत्रा सेंट्रल स्कूल : आचार्यश्री ने अपने पुत्र स्व. शिवाजी सिंह की स्मृति में पाटलिपुत्रा सेंट्रल स्कूल, बेऊर और न्यू पाटलिपुत्रा सेंट्रल स्कूल नौबतपुर में बनवाया है।

5. Kids Paradise : पटना के अनेक गली–मोहल्लों में छोटे बच्चों के लिए लगभग 12 की संख्या में Kids School खोले गए हैं, जो मूलतः प्ले स्कूल हैं। यहाँ बच्चों को खेल–खेल में शिक्षा दी जाती है।

6. आत्मकल्याण केन्द्र, गुड़गाँव हरियाणा : आचार्यश्री ने आध्यात्मिक चिंतन के लिए गुड़गांव के सोहना रोड पर लगभग 40 कमरों का आश्रम बनवाया है और वे स्वयं भी अधिकांशतः वहीं रहते हैं। करोड़ों की लागत से बने इस आश्रम के सिर्फ ऊपरी तल को छोड़कर आचार्यश्री ने सम्पूर्ण आश्रम को ISKCON को दान कर दिया है ।

7. आचार्य सुदर्शन विद्यापीठ (सीतामढ़ी) : इस पिछड़े क्षेत्र के गरीब एवं उपेक्षित बच्चों को निःशुल्क शिक्षित करने के लिए छात्रावास युक्त एक विद्यालय की स्थापना की गई है, जिसमें लगभग 1000 छात्र एवं छात्रायें योग्य–अनुभवी शिक्षकों के मार्गदर्शन में उचित शिक्षा प्राप्त कर रहे हैं।

8. आचार्य सुदर्शन बी. एड. एवं डी. एल. एड. कॉलेज (सीतामढ़ी) : आचार्यश्री लगभग 40 एकड़ जमीन खरीदकर मेडिकल कॉलेज, B.Ed. College, Para Medical एवं D.El.Ed. College सम्यक् रीति से चला रहे हैं।

9. आचार्य सुदर्शन लायन्स आई हॉस्पिटल : सीतामढ़ी में आचार्यश्री ने अपनी मेन रोड वाली जमीन को आई हॉस्पिटल के लिए

दान में दे दिया है। वहाँ एक विशाल 'आई हॉस्पिटल' बनाया गया है, जिसका नाम "आचार्य सुदर्शन लायन्स आई हॉस्पिटल" रखा गया है। वहाँ रोगियों के लाने–ले जाने के लिए आचार्यश्री ने एक Ambulance भी दान किया है। आज प्रतिदिन वहाँ सैकड़ों मरीज अपनी आँखों का इलाज कराने आते हैं। सीतामढ़ी जिले में आँखों के लिए यह सबसे बड़ा हॉस्पीटल है और आज भी इसका विस्तार कार्य चल ही रहा है।

10. आचार्य सुदर्शन लायन्स सेंट्रल प्रतीक्षालय : सीतामढ़ी सदर अस्पताल की खाली पड़ी जमीन हेतु वहाँ के सिविल सर्जन

ने आचार्यश्री सुदर्शनजी महराज से अनुरोध किया कि अस्पताल में आये गरीब रोगियों के लिए इसमें एक प्रतीक्षालय बनवा दिया जाए। उनके इस अनुरोध पर आचार्यश्री ने आत्मकल्याण केन्द्र, गुड़गाँव की ओर से वहाँ आए मरीजों हेतु एक सुसज्जित प्रतीक्षालय बनवाकर हॉस्पिटल को सौंप दिया है।

11. जय सुदर्शन आश्रम, मुबारकपुर, सीतामढ़ी (आत्मकल्याण केन्द्र, गुड़गाँव की एक शाखा) : ग्रामीण लोगों के बीच आध्यात्मिक एवं सांस्कृतिक चेतना को जागृत करने, उनमें आध्यात्मिक चिंतन को बढ़ाने

एवं नई पीढ़ी के छात्रों को नैतिक जीवन जीने का प्रशिक्षण देने, उनमें नैतिकता एवं आत्म जागरण के उद्देश्य से इस केन्द्र की स्थापना की गई है।

साथ ही, अब पूरे देश में ऐसे ही अन्य केन्द्रों की स्थापना एवं संचालन का अभियान यहीं से चलाया जाता है। इस आश्रम में प्रतिदिन सैकड़ों लोग भजन–कीर्तन करने आते हैं। यहाँ प्रतिदिन प्रसाद एवं भोजन का मुफ्त वितरण किया जाता है।

12. आचार्य सुदर्शन प्रतिभा सम्मान : एक ऐसा ट्रस्ट, जिसके अधीन आचार्यश्री अपने जीवन भर के अल्प आय से प्रतिवर्ष शिक्षा, सामाजिक विकास एवं जन–कल्याण का कार्य करने वाले 5 लोगों को एक–एक लाख रुपये सम्मान–प्रोत्साहन राशि देते हैं।

13. कृष्णा सुदर्शन चैरिटेबुल ट्रस्ट : इस ट्रस्ट के अंतर्गत गरीब एवं उपेक्षित बच्चों को निःशुल्क पुस्तक एवं वस्त्रों का वितरण तथा ''हमें भी पढ़ाओ'' निःशुल्क शिक्षण संस्थान का संचालन किया जाता है।

14. आचार्य सुदर्शन फाउण्डेशन : यह फाउण्डेशन एक रजिस्टर्ड संस्था है, जो सुदूर देहाती क्षेत्रों में विद्यालय के साथ–साथ अधिक से अधिक 'हमें भी पढ़ाओ' के निःशुल्क केन्द्र भी चलाता है।

15. आचार्य सुदर्शन एडुकेशनल ट्रस्ट : इसके अन्तर्गत विश्वविद्यालय स्तर के विभिन्न सामान्य एवं तकनीकी कॉलेज खोले जा रहे हैं।

16. आचार्य सुदर्शन स्पोर्ट्स एण्ड कल्चरल फाउण्डेशन : इसके अंतर्गत बच्चों को फुटबॉल, वॉलीबॉल, क्रिकेट, बैडमिंटन आदि खेलों का प्रशिक्षण दिया जाता है एवं उन्हें इन खेलों में प्रोत्साहित करने के उद्देश्य से यथायोग्य प्रोत्साहन राशि भी वितरित की जाती है। साथ ही अनेक प्रतियोगिताओं से चयनित खिलाड़ियों को उचित पुरस्कार भी प्रदान किया जाता है।

17. डॉ. वाई. के. सुदर्शन कृष्णा सिंह एजुकेशन फाउण्डेशन ट्रस्ट : इसके अंतर्गत ग्रामीण क्षेत्रों में बुनियादी शैक्षणिक संस्थान खोलने और गरीब बच्चों को शिक्षित करने का प्रावधान रखा गया है।

18. गीतांजलि : यह संस्था ग्रामीण क्षेत्र के बच्चों को निःशुल्क

नृत्य–संगीत और लोक–गीतों के गायन का प्रशिक्षण देती है। दलित वर्ग के दमित बाल कलाकारों को बटोरकर उन्हें लोक गीतों पर आधारित संगीत, नुक्कड़–नाटक, प्राचीन आल्हा–रूदल, रानी सारंगा, शीत–बसंत, बिहुला, बारहमासा, होली, कजरी और झूमर जैसे ग्रामीण क्षेत्रों में प्रचलित लोकगीतों का प्रशिक्षण दिया जाता है।

इन तमाम सेवा प्रकल्पों के अतिरिक्त आचार्यश्री के मार्गदर्शन में लगभग दर्जन भर ऐसे विद्यालय भी चल रहे हैं, जिनमें बच्चों को शिक्षा और संस्कार के साथ ही साथ जीवन जीने की विधि भी सिखाई जाती है। इन विद्यालयों में अनेक वरिष्ठ और अनुभवी शिक्षकों द्वारा वहाँ के छात्रों की अभिरुचि को समझकर उन्हें उस दिशा में आगे बढ़ने हेतु उचित मार्गदर्शन और प्रोत्साहन देने की समुचित व्यवस्था है। यहाँ के बच्चों को किताबी ज्ञान के साथ ही तमाम व्यावहारिक ज्ञान मुक्ताकाश शिक्षा के माध्यम से भी दिए जाते हैं। ये विद्यालय हैं : **(19) कृष्णा सुदर्शन पब्लिक स्कूल, अथमलगोला (20) कृष्णा सुदर्शन पब्लिक स्कूल, बख्तियारपुर (21) कृष्णा सुदर्शन पब्लिक स्कूल, विक्रमगंज (22) देवघर सेंट्रल स्कूल, देवघर (23) कृष्णा सुदर्शन सेंट्रल स्कूल, बेरमो (झारखण्ड) (24) सुदर्शन सेंट्रल स्कूल, पटना सिटी, पटना (25) सुदर्शन सेंट्रल स्कूल, कंकड़बाग, पटना (26) दरभंगा सेंट्रल स्कूल, लहेरियासराय (27) समस्तीपुर सेंट्रल स्कूल, धरमपुर (28) आचार्य सुदर्शन पब्लिक स्कूल, जहानाबाद (29) आचार्य सुदर्शन पब्लिक स्कूल, फतुहा (30) दरभंगा सेंट्रल स्कूल, वासुदेवपुर, बंगलागढ़, दरभंगा (31) आचार्य सुदर्शन सेंट्रल स्कूल, खरसान चौक, रीगा, सीतामढ़ी (32) आचार्य सुदर्शन ज्ञानपीठ, भुतही, सीतामढ़ी (33) कृष्णा सुदर्शन पब्लिक स्कूल, बाढ़।**

आचार्यश्री द्वारा जन कल्याण हेतु किए गए कुछ अन्य विकास–कार्य

आचार्यश्री ने शिक्षा और अध्यात्म क्षेत्र से हटकर अनेक कार्य जन और समाज कल्याण की भावना से सुदर्शनधाम, मेजरगंज (सीतामढ़ी) एवं अन्य पिछड़े स्थानों के विकास के लिए किए हैं, इन सारे कार्यों का सम्पूर्ण बखान इस छोटी सी जगह में कर पाना तो मुश्किल है, इसलिए

इनमें से कुछ की ही चर्चा यहाँ संभव हो पा रही है–

34. श्रीराम–जानकी मंदिर : आचार्यश्री ने यहाँ सुदर्शनधाम में अवस्थित सैकड़ों वर्ष पुराने श्रीराम–जानकी मंदिर को 1995 ई॰ में पूरी तरह से तुड़वाकर नये स्वरूप में बनवाया और आज यह राम–जानकी मंदिर इस पूरे शहर में आस्था और आकर्षण का केन्द्र बन गया है।

35. पोखर : सुदर्शनधाम में महिलाओं के पूजा–पाठ एवं छठ व्रत करने के लिए कोई नदी या पोखर नहीं था। यह बात इन्हें बहुत खलती थी, इसलिए इन्होंने यहाँ के मुख्य सड़क पर वाली अपनी जमीन देकर और स्वयं के खर्च से लगभग एक एकड़ का एक पोखर तैयार करवाया। आज इसमें कई गाँव की महिलाएँ छठ पूजन करती हैं और गाँव के लोग वहाँ स्नान और पूजन आदि करते हैं।

36. पार्वती मंदिर : आचार्यश्री ने सुदर्शनधाम में श्रीराम–जानकी मंदिर के प्रांगण में 2018 में एक अत्यंत आकर्षक "पार्वती मंदिर" भी बनवाया है, उसी से सटा एक बहुत बड़ा भू–भाग मंदिर के नाम से सुरक्षित कर दिया गया है, जहाँ प्रति वर्ष दुर्गा पूजा के अवसर पर मेला लगता है ।

37. टेलीफोन एक्सचेंज : आचार्यश्री ने सीतामढ़ी–मेजरगंज मुख्य सड़क पर अवस्थित अपनी जमीन पर 4 कमरे का भवन बनवाकर, गाँव के लिए एक टेलीफोन एक्सचेंज खुलवाया है।

38. स्वागत द्वार : सुदर्शनधाम की सीमा प्रारंभ पर एक विशाल प्रवेश द्वार बनवाया गया है, जिससे प्रवेश करते ही गाँव की शोभा और उसकी सुन्दरता का अहसास होता है।

39. भगवती स्थान : इसी प्रवेश द्वार के ठीक सामने गाँव में प्राचीन काल का एक भगवती स्थान था, जहाँ सोनौल, सुदर्शनधाम की महिलाएं मिट्टी की वेदी बनाकर खुले आसमान के नीचे भगवती की पूजा किया करती थीं। आचार्यश्री ने उस खुले स्थान पर एक बहुत ही सुन्दर पक्का मकान भगवती स्थान के लिए बनवाया है। जहाँ प्रतिदिन महिलाएं पूजा–पाठ करती हैं ।

40. उद्यान : इस भगवती स्थान के सटे मेन रोड पर आचार्यश्री ने अपनी जमीन को गाँव के लोगों के लिए दान कर वहाँ एक सुन्दर पार्क बनवाया है, इसमें आम जनता के बैठने के लिए बेंच बनवाये गए हैं और वहाँ आचार्यश्री की मूर्ति भी लगवाई गई है। शाम में बिजली की रोशनी में इसकी शोभा काफी बढ़ जाती है।

41. आत्म कल्याण केन्द्र : सीतामढ़ी डुमरा मेन रोड पर आचार्यश्री ने एक नए आत्म कल्याण केन्द्र की स्थापना अपनी लगभग 15 कट्ठे पुस्तैनी जमीन पर करवाई है, इस पर वर्तमान में एक छोटा भवन बना है, इस पर बड़े भवन की प्रतीक्षा है।

42. शुकेश्वर स्थान : सुदर्शनधाम गाँव से सटे बसबिट्टा में भगवान भोलेनाथ का एक प्राचीन मंदिर "शुकेश्वर स्थान" था, जो पूरी तरह टूट–फूटकर खंडहर हो गया था। श्रद्धावान लोग किसी तरह उसी गड्ढे में जाकर पूजा–पाठ करते थे।

आचार्यश्री ने उस मंदिर के जीर्णोद्धार का संकल्प लिया और उसे पूरी तरह से नये आवरण में बनवाकर खड़ा किया। उसका मुख्य द्वार, मैदान आदि पक्का किया गया और पूरे मंदिर में बिजली की सुविधा मुहैया करवाई गई। आज वहाँ पूरे मंदिर में टाईल्स लगे हुए हैं, अनेक भक्त यहाँ बनाए गए विश्राम गृह में विश्राम करते हैं। इसी कैम्पस में माता पार्वती का नया मंदिर बनवाकर माता की प्रतिमा स्थापित की गई है। पार्वती मंदिर के सामने "विद्यादायिनी माँ जगतारणी" की प्रतिमा भी लगाई गई है। इस मंदिर के पीछे हनुमानजी का मंदिर भी बनवाया गया है।

43. संकट मोचन हनुमानजी : आत्मकल्याण केन्द्र, सुदर्शनधाम में संकट मोचन हनुमानजी की 41 फीट ऊँची मूर्ति बनवाई गई है, जो आज बिहार की सबसे ऊँची मूर्ति मानी जा रही है।

44. दीदी जगतारणी द्वार : आचार्यश्री सुदर्शनजी महाराज ने माता जगतारणी के पैतृक गाँव नरार (चचराहा) में उनकी स्मृति में एक विशाल 'दीदी जगतारणी द्वार' का निर्माण

करवाया है, जो उस क्षेत्र में बहुत अधिक आकर्षण का केन्द्र बन गया है।

45. सिंडिकेट बैंक, सुदर्शनधाम शाखा (सीतामढ़ी) : आचार्य सुदर्शन विद्यापीठ कैम्पस के ही एक कोने में आचार्यश्री ने एक नया भवन बनवाकर सिंडिकेट बैंक की एक शाखा खुलवा दी है, ताकि ग्रामीणों को बैंक संबंधी कार्यों हेतु शहर नहीं जाना पड़े।

46. सड़क का जीर्णोद्धार : सीतामढ़ी मेजरगंज मुख्य मार्ग पर डायन कोठी गाँव में हिलोरवा की ओर जाने वाली सड़क का जीर्णोद्धार कार्य एवं उस पर एक विशाल और आकर्षक गेट का निर्माण करवाया गया है, जो इस क्षेत्र को अति गौरवान्वित करता है।

47. पुलिस चेक पोस्ट : सुदर्शनधाम, मेजरगंज अवस्थित आचार्य सुदर्शन विद्यापीठ के एक कोने में आचार्यश्री ने अपनी ही जमीन पर एक पुलिस चेक–पोस्ट भी बनवाया है, जहाँ हर समय सशस्त्र सुरक्षा प्रहरी गाँव वालों की सुरक्षा में चौकस रहते हैं।

48. रेफरल अस्पताल का जीर्णोद्धार : सुदर्शनधाम गाँव से सटे मेजरगंज में एक सरकारी रेफरल अस्पताल है, जिसकी हालत बहुत खराब हो गई थी। वहाँ की समिति के अनुरोध पर आचार्यश्री ने पूरे हॉस्पिटल का जीर्णोद्धार कराया, रंग–रोगन करवाया, उसके कैम्पस में एक आकर्षक गार्डन भी बनवाया। गाँव वालों के आग्रह पर वहाँ आचार्यश्री की मूर्ति भी लगवाई गई। इसी कैम्पस में भगवान शंकर और हनुमान जी का मंदिर भी बनवाया गया है और सबसे महत्त्वपूर्ण बात यह है कि यहाँ मुख्य द्वार पर एक विशाल गेट बनवाया गया है, जो आकर्षण का केन्द्र बना है।

49. दुर्गा एवं हनुमान मंदिर का निर्माण : सुदर्शनधाम, मेजरगंज के ग्रामीणों ने जब यहाँ अवस्थित एक दुर्गा मंदिर निर्माण का संकल्प लिया, तो आचार्यश्री ने अपनी ओर से अधिकाधिक सहयोग कर उस मंदिर को पूरा करवाया। अब उसके बगल में हनुमान मंदिर का निर्माण कार्य भी प्रारंभ है।

50. माता जगतारणी मंदिर : सुदर्शनधाम गाँव में ही आचार्यश्री ने अपनी लगभग एक एकड़ जमीन पर 'माता जगतारणी' का भी मंदिर बनवाया है, यह मंदिर अपनी शिल्प कला से दूर से ही भक्तों को आकर्षित करता है।

51. पुलिस लाईन क्लब : एस.पी. सीतामढ़ी, श्री पंकज सिन्हा के विशेष अनुरोध पर आचार्यश्री ने पुलिस लाईन के जीर्णशीर्ण क्लब भवन का जीर्णोद्धार पूरा कराया। उसके साथ ही इसी क्लब से जुड़े एक 15 कट्ठे की जमीन में मिट्टी भरवाकर, फूल–पत्ती लगवाकर यहाँ सभी प्रकार के खेल, खिलौने, झूला आदि लगवाये गये ताकि यहाँ लगभग सौ–डेढ़ सौ बच्चे एक साथ खेल सकें। इसका उद्घाटन आचार्यश्री ने सीतामढ़ी की निवर्तमान जिलाधिकारी डॉ. प्रतिमा एवं एस.पी. श्री पंकज सिन्हा के साथ किया।

52. पुलिस रेस्ट हाउस : सीतामढ़ी डी. एम. ऑफिस के बगल में एक काफी पुराना ध्वस्त भवन था, जिसको आचार्यश्री ने नये सिरे से बनवाकर एस.पी. सीतामढ़ी को सौंपा।

53. गेट का निर्माण : लायन्स आई हॉस्पिटल, सीतामढ़ी तक जाने के मार्ग पर एक विशाल गेट बनवाया गया है, जो हॉस्पिटल जाने का मार्ग निर्देशित करता है, साथ ही साथ इस हॉस्पिटल की शोभा भी बढ़ाता है।

विभिन्न संस्थानों को दान

54. आचार्यश्री सुदर्शनजी महाराज ने एक जन कल्याणकारी संस्थान–साईं नेत्रालय, कंकड़बाग, पटना के विशेष अनुरोध पर मरीजों के आवागमन सुविधा हेतु उन्हें एक बस, एक ऑटो और एक विंगर दान किया है।

55. आचार्यश्री ने मेजरगंज सरकारी अस्पताल को मरीजों के आवागमन हेतु एक बोलेरो एम्बुलेन्स दान किया है।

56. आचार्यश्री ने ऑरो डेन्टल, पटना को एक चलन्त सम्पूर्ण डेन्टल यूनिट भी उनके विशेष आग्रह

पर दान में दिया है।

57. आचार्यश्री ने अपनी 20 एकड़ के लगभग पैतृक जमीन 'माँ जगतारणी शक्तिपीठ' को दान में देने की घोषणा कर दी है।

58. आचार्यश्री ने सुदर्शनधाम अवस्थित अपने बी.एड. कॉलेज कैम्पस की लगभग 30 एकड़ खाली पड़ी जमीन को मेडिकल कॉलेज की स्थापना हेतु बिहार सरकार को दान में देने का प्रस्ताव दिया है।

59. कमला गर्ल्स स्कूल, डुमरा सीतामढ़ी : इस बालिका विद्यालय में आचार्यश्री ने छात्राओं की सुविधा हेतु एक गर्ल्स कॉमन रूम बनवाया और उनके लिए स्वच्छ पेयजल आपूर्ति की व्यवस्था भी करवाई है।

60. माँ जगतारणी सुदर्शन मंडप : आचार्य सुदर्शन ने बी.एड. कॉलेज सुदर्शनधाम परिसर में लगभग 500 लोगों के एक साथ बैठकर पूजन–पाठ करने एवं अन्य उद्देश्य हेतु इस मंडप का निर्माण करवाया।

61. आत्मकल्याण केन्द्र, गुड़गाँव, हरियाणा : दानवीरता की अद्भुत मिशाल देते हुए बिहार के इस संत राजऋषि आचार्यश्री सुदर्शनजी महाराज ने अपनी बहुमूल्य संस्था 'आत्मकल्याण केन्द्र' गुड़गाँव को पूर्णरूपेण इस्कॉन संस्था को दान में दे दिया है।

35. आचार्यश्री सुदर्शनजी महाराज द्वारा रचित साहित्यों की नामावली

उपनिषद् के ऋषि के रूप में सृष्टि रहस्य को उद्‌घाटित करते हुए, सुकरात के रूप में जनसमूह को विवेक बाँटते हुए और बाल–मनोविज्ञान पर अपनी तूलिका से सर्वप्रशंसित और सुग्राह्य रंग बिखेरते हुए आचार्यश्री ने अपनी साहित्य–साधना के अखण्ड दीप जलाकर लगभग शताधिक साहित्यों की सर्जना की है–

1 शिक्षा शास्त्र
2 सूर काव्य में कवि समय (शोध प्रबन्ध)
3 शिक्षा के चक्रव्यूह में आज का अभिमन्यु
4 दीर्घायु भव
5 आओ शिक्षा–शिक्षा खेलें
6 शिक्षाः एक प्रश्न?
7 जीवन को सुन्दर कैसे बनाएँ?
8 जीवन ऊर्जा कैसे बढ़ाएँ?
9 भारत की विभूतियाँ
10 बच्चों की पढ़ाई में माता–पिता की भूमिका
11 सेक्स शिक्षा की वैज्ञानिकता
12 समग्र शिक्षा
13 शिक्षाः आदेश या परामर्श
14 जो चाहे सो पावें
15 जब तक जीओ सुख से जीओ
16 जीवन को सफल कैसे बनाएँ
17 शिक्षा के सागर में जीवन की नाव
18 शिक्षा–सागर के विविध मोती
19 ऊँचाइयों को छूती एक जिन्दगी
20 बच्चों के जीवन में शिक्षा के फूल कैसे खिलें

21 अपना प्रकाश स्वयं बनो
22 आशीष मुझे दो, लो प्रणाम (काव्य–संग्रह)
23 हनुमान सतइसा
24 सूक्ति–सागर
25 जीवन और अध्यात्म
26 जय सुदर्शन (पत्रिका)
27 भविष्य के द्वार पर दस्तक
28 उन्मुक्त आकाश के उड़ते पंछी
29 मंदिर में फूल नहीं अहंकार चढ़ाओ
30 Life Energy Centre
31 Godly Things Around You
32 डॉ. वाई.के.सुदर्शन का जीवन–दर्शन
33 जीवन जीने की विधि, भाग–1
34 जीवन जीने की विधि, भाग–2
35 जीवन जीने की विधि, भाग–3
36 जीवन जीने की विधि, भाग–4
37 जीवन जीने की विधि, भाग–5
38 जीवन जीने की विधि, भाग–6
39 चलो, आकाश को छू लें
40 जीवन प्रवाह है, ठहराव नहीं
41 झर–झर बहत अनन्त
42 एक कदम रख कर तो देख
43 भक्ति के दोहे
44 श्रीराम दया करना (भक्तिगीत–संग्रह)
45 ऐसी करनी कर चलो
46 शिक्षा और नैतिकता
47 क्या खोया, क्या पाया
48 आचार्य सुदर्शन का अनंत जीवन–प्रवाह
49 आओ, जीवन को महोत्सव बनाएँ
50 भोला–महिमा
51 जीवन के विविध रंग
52 बच्चों की समुचित परवरिश
53 सुदर्शन रामायण (जीवन का महाकाव्य)
54 जीवन–संगीत (जीवनोपयोगी दोहे एवं भजन)
55 काल न आवे पास
56 श्रीराम–महिमा

57 श्रीहनुमते नमः
58 कन्हैया! मैं नाचूँ, तू गा
59 छूट न जाए डगरिया
60 गुरुज्ञान
61 आचार्य सुदर्शन की काव्य–चेतना
62 Basic Concept of Education
63 आचार्यश्री सुदर्शन का सकल ब्रह्माण्ड–चिंतन
64 अब भी वक्त है, संभल ऐ नौजवान!
65 जीवन जीने की कला–भाग–1
66 जीवन जीने की कला–भाग–2
67 जीवन जीने की कला–भाग–3
68 प्राण–ऊर्जा कैसे बढ़ाएँ
69 जीवन पथ के फूल
70 योग भगाए रोग
71 पाते पाते देवानाम्
72 पतझड़ के हरे पत्ते
73 मन की आँखें खोल
74 प्रार्थना से परमात्मा की ओर
75 दाम्पत्य–मैत्री
76 जीवन–संगीत
77 Education: A reflection of life
78 आचार्यश्री के भक्तिगीतों में आत्मा के स्वर
79 Mystique of the Enlightened Soul
80 The sources of life Energy & Longevity
81 करें योग, रहें निरोग
82 जिन ढूंढा, तिन पाइयां
83 वासना से उपासना की ओर
84 Education in Question
85 एकात्म मानव–चिन्तन और विन्यास
86 आचार्य सुदर्शनः खेत की मेड़ से अध्यात्म के शिखर तक
87 Light of Blissfulness
88 गीत गाता चल
89 केवट–गीता
90 प्रातः प्रार्थना
91 हमें भी पढ़ाओ
92 मेरी पुकार सुन लेना

93 घूंघट के पट खोल
94 सूर्य भेदन प्राणायाम
95 Methods of Life-1
96 Methods of Life-2
97 Methods of Life-3
98 Methods of Life-4
99 Methods of Life-5
100 Methods of Life-6
101 पनघट नाहिं सुखाय
102 जीवन के स्वर
103 शब्द भी बोलते हैं
104 बूढ़ा होना जरूरी नहीं है
105 जीना चाहते हो, तो हंसना सीखो
106 Let us Make Life A Celebration
107 प्रेम गली अति सांकरी
108 दीप से दीप जले
109 Smiling Buds
110 गाओ सुमंगल गीत
111 खबरदार! मुझे बूढ़ा मत कहना
112 आ कन्हैया आ, जरा नाच के दिखा
113 जीवन जीएं कैसे–गीता कहे जैसे
114 कैसे जानूँ–कैसे पहचानूँ
115 क्या गाऊँ–क्या छोड़ूँ
116 Acharya Sudarshan : A Man of Inspirations
117 मुझे जीना सिखा दो
118 दार्शनिक सुदर्शनजी महाराज (कॉमिक्स)
119 Parables of Acharyashree on Life & Living – Acharyashri Sudarshan Ji Maharaj
120 भूले बिसरे चित्र
121 शिक्षा को महोत्सव बनाएँ
122 कृष्ण तुम्हें पुकार रहे हैं
123 माटी का देवता
124 गुरु बिन कौन सहारा
125 मैं शिक्षा हूँ